中公新書 2322

筒井淳也著

# 仕事と家族

## 日本はなぜ働きづらく、産みにくいのか

中央公論新社刊

# まえがき

仕事と家族は、ほとんどの人にとって身近な存在である。今現在の生活において仕事にも家族にも縁がないという人は少数いたとしても、人生のなかで仕事とも家族ともずっと無縁であった、という人はほとんどいないだろう。つまり私たちは仕事と家族について、そこにどんな悩みがあって、どんな対処法をとっているのかを含めて、すでにたくさんのことを「知っている」。

しかしそれだけに、私たちにとって仕事や家族をより長期的なスパンで、あるいはより広い（国際的な）視野で適切に理解することは難しい。

たとえば「女性の社会進出」という言葉がある。この言葉を、「昔の女性に比べて今の女性のほうが仕事に身を入れているのだ」と理解している人もいるだろう。さらに、男女平等の条件のもとで活躍する欧米諸国の女性と比べて日本の女性はあまり働いてこなかった、と理解している人もいるかもしれない。

しかし事実は異なる。

日本で家事に専念する女性の割合が最も高かったのは一九七〇年代である。言い換えれば、その前の時代もその後の時代も一九七〇年代に比べ、働く女性の割合が高い。「昔の女性は働いていなかった」という誤解が生まれる一つの原因は、仕事という言葉で連想される働き方が雇用労働、つまり会社に雇われて賃労働をするというものであるからだ。日本では、一九五〇年代までは農業や自営業に従事する人がまだ多かった。男性も女性も農作業や家業に様々なかたちで関与しており、特に女性についてみれば、企業に雇用されている人は農作業や家業に従事する人の半分以下であった。それ以降は一貫して、農作業や家業に携わる女性の割合が減り、他方で雇用される女性の数は増えてきた。

一足先に工業化や雇用労働化が進んだヨーロッパ社会では、実は専業主婦の比率が高い時代が比較的長く、実に七割を超す女性が働いていなかった時期もあった。しかし日本では、最も女性が働いていなかった時期でも専業主婦の比率は五割を超す程度だった。なぜこうなるのかというと、日本では女性が家業から抜け出て主婦化する動きと、雇用労働化する動きが同時に進展したからだ。そのために欧米社会と比べて専業主婦の割合がそれほど増えなかった。いうなれば、日本の女性は常に「よく働いてきた」のである。

では「女性の社会進出」とは何なのだろうか？　それは「働く女性」が増えてきたという

よりも、「家業ではない会社に雇用される女性」が増加してきたことを意味する。農作業にせよ自営業にせよ、かつての仕事は家あるいはその周囲で行うものであったが、工場やオフィスでの労働は「通勤」という生活スタイルを生み出し、そのことが家庭と仕事の両立を難しくしてきたわけである。

このように長期的な視野から仕事と家族生活を見ることで、今私たちが置かれた状況についてよりよく理解できるのだ。そして事実を丁寧に把握することを怠らなければ、仕事と家族生活について根拠のない主張に簡単に従ってしまうことも防げるはずである。

たとえば「女性が働くことが深刻な出生率の低下をもたらしている」という主張はよく聞かれるものだ。しかし戦後のベビーブーム期（一九四七年から一九四九年まで）は専業主婦全盛の時代ではなかった、という単純な事実をどこまで理解したうえでそのような主張がなされているのだろうか。先に述べたように、日本において最も専業主婦の割合が増えたのは一九七〇年代半ばであった。出生率が下がりはじめたのは、この時期以降である。働いている女性の割合と出生率を単純に見比べるだけでは事実は何も見えてこない。

「昔と今」だけではなく、より広い視野で日本社会と他の社会（国）を比べることで見えてくるものも多い。

日本人と比べて、欧米人はより個人主義的なライフスタイルをとるという見方がある。たしかにそのような傾向があるかもしれないが、それならば欧米社会では「独身者」の比率が高いのかといわれれば、決してそんなことはない。日本での「独身者」の割合は、アメリカ、スウェーデン、フランスと比べて高い水準にある。欧米諸国のなかにはいわゆる「カップル文化」が根づいている国も多いし、結婚せずに同棲のまま子どもを育てている人たちも多い。アメリカでもスウェーデンでも、同棲というライフスタイルはすっかり普及している。そして、共働きカップルの割合も日本より大きい。

背景には、そういった国では「(主に異性の) パートナーと一緒に生活すること」が人々の利害にかなっている、という事実がある。ではなぜ日本の若い人たちはパートナーと一緒になることが合理的ではないと考えているのだろうか。答えは続く章で見ていくが、社会学者が明らかにしたことは、この欧米諸国との違いこそが日本の出生率低下をもたらした要因の一つだ、ということである。

少子化対策といえば、すぐに育児休業制度の充実や保育所の待機児童の解消といった方策を思いつく人が多いだろう。もちろんこれらの問題に対処することも重要だ。しかし少子高齢化は、日本社会のより深いレベルでの構造的な特性によってもたらされた「症状」の一つである。症状の背後にある問題について理解するためには、他国との比較が必須の作業となる。

本書では、このように時間的・空間的に広い視野から「仕事と家族」のあり方を捉えることを通じて、現在の日本社会が抱える問題によりよい見通しをもって対処できるよう、必要な知識を提示したい。

目次

# 第1章　日本は今どこにいるか？

## 1　工業化と「国のかたち」

### 変わらない特徴と変わる特徴

「日本というのはどういう国か」と聞かれたとき、どういう答えがありうるだろうか。

まずは地理的特徴である。日本は島国で、山が多くて平野が少ない国だ。イギリスや大陸ヨーロッパ北部の国々に旅行して長距離列車に乗るとわかるが、とにかく山がない。なだらかな平野が延々と続き、緑豊かな田園風景が視界に広がる。デンマークにいたっては、一番高いところでなんと一七〇メートルほどしかない。一方、日本はとてもでこぼこした国だ。新幹線に乗ると、やたらとトンネルをくぐることになる。山と山のあいだの狭い平野に人々がひしめき合って暮らし、都心部では緑地も少ない。そのせいか、街なかの風景はどこかゴミゴミしている（他の国と比べて格段にゴミは落ちていないのだが）。

社会科学的には、土地や気候など、ある国の地理的な特徴は「個体特性」といわれる。「たいていのことでは変化しないその国の個性」といった意味である。国の民族構成や共通言語、宗教なども、短期的にはそれほど大きく変化しないので、個体特性として考えられることがある。個体特性は変化しない、あるいは変化しにくいため、その国の特徴として頻繁に言及されるのである。アメリカは国土が広く、多民族国家だ、といった描写もそうだろう。

これに対して、政治家や研究者が問題にするのは、むしろその国の変化する特性についてである。なぜかといえば、おいそれとは変わらないことについてあれこれ議論しても社会はよくならないからだ。では、変化する特性にはどういったものがあるだろうか。

経済発展の度合い、年齢別の人口構成、社会保障の充実度などはわかりやすい変化だ。都市化も各国が経験してきた大きな変化の一つである。一〇〇年前には、これほど多くの人々が都市に住むようになるとは考えられていなかっただろう。そして、つい三〇年ほど前の日本は他の先進国と比べて高齢者の少ない「若い」国であった。それが今や、先進国のなかでも突出した超高齢化社会に変わった。これほど急激に高齢化が進むことも、多くの人々にとって想定外だったかもしれない。

このように社会の変化には様々な側面があるが、現在の社会学者の多くは、「国のかたち」を大きく変えてきたおおもとの変化は「工業化」であると考えている。そこでごくごく短くだが、工業化を軸として現在の経済先進国が経験した社会変動を記述してみよう。現在の私たちにとっての「仕事と家族」の特徴を理解するためにも、ある程度長期の歴史を踏まえておくことは必須である。

### 工業化と経済格差

一八世紀のイギリスで始まった産業革命を機に各国で急速に工業化が進み、主にヨーロッパとアメリカで大規模な社会変動を引き起こすことになった。工業化といっても、すでに身近な場所から工場がなくなってしまった人たちは漠然とした印象しか持てないかもしれない。少なくとも初期において、工業化とは衣服の材料となる繊維、建造物の材料となる鉄鋼、機械や鉄道を動かすための燃料である石炭の生産が爆発的に増えていくことを指す。工業化は生産力の飛躍的な上昇をもたらすため、工業化が進むと社会全体の富は急激に増えていく。つまり、生活を楽で豊かにする様々なモノや建築物がどんどん増えるのである。

しかし、すべての人がこれで楽で豊かな生活ができるようになったわけではない。少なくとも先行する工業国家（イギリスやフランス）において、工業化は市場の発達とともに進んだ。資金やモノ、サービスの取引の場である市場が整備されることは、工業化を強力に推し進める動因となった。特に企業家の資金源となった資本（株式）市場の役割は大きい。しかし他方で、富を平等にいきわたらせること、工業生産に付随する環境汚染を抑制すること、この二点については市場の得意とすることではなかった。

富の平等な分配と環境保護は現在でも、市場に任せておくとなかなか達成されない二つの社会的課題である。当時、特に目立ったのはやはり経済格差だ。工業化の当初、人々の生活水準には著しい格差があった。工場やオフィスを所有して経営する資本家と、資本家に雇用され、工場で肉体労働に従事する労働者とのあいだに、極端な富の格差が生まれた。これが階級対立であり、この対立は一九世紀後半から二〇世紀における政治の基本的な枠組みでもあった。

工業化の初期において、労働者の多くは農村から都市へ家族単位で移住してきた人々か、相対的に貧しい国から工業化の進んだ国に移住してきた人々であった。そして、工業化が他の国に先駆けて進展したイギリスでは、労働需要の増加にともなって、一九世紀後半になると男性のみならず、多くの女性や子どもも工場で雇用されて働いていた。「共働き」といえば共働きなのだが、労働条件は多くの場合劣悪で、お世辞にも余裕のある暮らしとはいえなかった。病気や怪我をしても、失業しても、保障らしい保障は整備されていなかった。

その後、工業化の恩恵が労働者にもある程度いき届くようになった。そのきっかけは国によって様々だ。労働者自身が労働運動を組織して資本家・経営者に対抗し、協議や紛争を通じて賃金や労働条件についての権利を獲得していった面もあるが、特に戦前において「国を強くする」という目的のもと、政府が社会保障制度を充実させたこと、民主主義の成熟にともなって政府を経由した富の再分配がなされるようになったことも大きい。特に第二次世界大戦後の経済成長を背景に、先進国は豊かさと平等の両方を追求し、一九六〇年代まではある程度それを実現できていた。

### 工場やオフィスで働く

工業化は、直接に製品をつくる会社のみならず、工場で生産された大量の物資を流通したり販売したりするための会社を生み出し、会社はそういった業務に対応した数多くの「仕事」、特にオフィスワークをつくり出す。現在の日本では、工場で働く人よりも圧倒的にオフィスで働く人のほうが多い。また社会保障制度の充実は、政府に雇用された人が増えるということを意味する。政府に雇用された人、つまり公務員の割合は、日本ではかなり少ないが（二〇〇八年時点で労働人口の七％程度）、高福祉で知られるスウェーデンでは四人に一人以上が公務員である。生産性が上がれば上がるほど、そして政府の役割が大きくなればなるほど、実際の生産の現場ではなく、オフィスでの事務作業あるいは対人サービスに携わる人の割合が増えることになった。

さて、工業化の結果、「仕事」は現在の私たちが想像するようなものになった。自宅を出て、電車やバスを乗り継いで職場、すなわち工場やオフィスに到着する。自分の仕事をこなし、時間になったら自宅に戻って休む。報酬は金銭、つまり賃金である。この働き方のスタイルは、農家や自営業とはかなり異なっている。何しろ労働時間がある程度決められているし、職務内容もある程度は決められたものであり、勤務時間中は自由に行動することが難しくなる。

とはいえ、農家や自営業は、戦後においても先進国から消えてしまったわけではない。特に工業化が欧米と比べて遅かった日本では、戦後社会においても農業や自営業が健在であった。その後の高度経済成長期においても、政府の保護政策もあって、他の先進国と比べて日本には農業と自営業の層の厚みがあった。都市の自営業や小規模企業は、現在でも日本経済の少なくない部分を占めている。農業や自営業の世帯では、いわゆるサラリーマン世帯とは異なった働き方がなされている。たいていは職住が近接しており、サラリーマンに比べて仕事の時間を柔軟に自分で決められる余地が大きい。

### 家族生活の変化

では、工業化により家族あるいは家族生活はどのように変化したのだろうか。

農家あるいは自営業が支配的だった時代には、家族のメンバーは基本的に何らかのかたちで「仕事」をしていた。金銭を得るための仕事と、そうではない仕事（家事労働）の境界線は、労働者世帯ほどはっきりとしなかった。また、ゆるやかな役割分担はあったが、誰がどの「職務」を行うのかが明確に決まっていたわけではない。職務内容がはっきり決まっていないことを「無限定性」と呼べば、実はこの無限定性は日本企業での働き方の特徴でもある。この点については第３章で再び触れる。

工業化にともなって雇用された労働者が増え、家族のメンバーの多くが工場で働くようになると、家庭の生活レベルが落ちることになった。というのは、働く場所と住居が別の場所になり、家庭生活の時間が限られるからである。これに対して工場やオフィスを所有・経営する資本家は、工場からやや離れた環境のよい場所に住宅を構え、そこから男性（夫）のみが通勤し、女性（妻）が家政婦を雇用して家庭生活の質を維持するという生活スタイルを確立していった。

労働者階級の私生活の劣悪さは、人道主義的な労働運動家や組織されつつあった労働者の団体にとっても取り組むべき社会問題であったが、国全体の力を損ねてしまうおそれもあり、国のエリート層にとっても無視できない問題であった。こうして各国で工場法（現在の労働法を想像してもらってもいいだろう）が制定され、女性と子どもの工場での労働は制限されることになった。同時に、雇用された成人男性は、家族を扶養するに足る賃金水準（生活給）を経営者に要求するようになった。このような、なかば人道的な配慮の結果として、女性が賃労働から排除されていくのである。「男は家から離れた職場で賃労働をし、女は家庭のことに責任を持つ」という性別分業体制が労働者階級にも徐々に広がってゆき、第二次世界大戦後にはそういった生活スタイルが各国で一般化することになった。

戦後、経済が順調に成長するなかで、労働者階級の生活レベルが徐々に上昇した。高い教育レベルを持ち、オフィスで働いて比較的余裕のある生活を送る労働者も増え、いわゆる中流の厚い層を形成した。そして戦後からしばらくは、先進国の女性の多くは専業主婦になった。まえがきで触れたように、国によって性別分業が最も進展した時期にはズレがあるし、また国内での社会階層による違いは無視できないものの、基本的に戦後の先進国は「男性稼ぎ手」夫婦が目立つ社会であった。

と、ここまでは多くの国が共通して経験した変化である。しかし一九七〇年代、戦後の世界経済秩序を支えた体制を変更するニクソン・ショック、原油価格の高騰を招いたオイル・ショックを機に、そして何よりも産業が工業からサービス業に移行するポスト工業化という社会変化を背景に、先進国のあいだでも国のかたちの多様性が目立つようになる。「アメリカのような格差をともなった低福祉国家とスウェーデンのような格差の小さい高福祉国家」、あるいは「アメリカやスウェーデンのように男性も女性も活発に賃金を稼ぐ国と、日本やドイツ、イタリアのように女性は男性ほどには稼がない国」といった「国のかたち」がより明確になってくるのは、この時期以降である。

## 2　各国の多様性

### 女性の労働力参加率の差

では、いよいよ、現在の各国の特性についてデータを通して見ることにしよう。

本書で用いるデータは、ＯＥＣＤ（経済協力開発機構）、ＩＬＯ（国際労働機関）、世界銀行といった国際組織が公開しているデータ、そして「国際社会調査プログラム」（英語でInternational Social Survey Programme、以下ＩＳＳＰと呼称）などの国際比較データである。

（注）ＯＥＣＤやＩＬＯなど、政府の公式データが反映されたデータのみ用いることが正確さ

の観点から望ましいのだが、条件を絞ったデータが得られにくいので、本書ではＩＳＳＰなど各国で共通のアンケート項目を用いた個人対象の社会調査のデータも用いる。国ごとの違いをおおまかに記述するという目的であれば、それでも大きな問題はないと判断した。

国ごとの労働の違いを表す最も単純な数値は、労働力参加率（labor force participation rate）である。これは、現在所得をともなう仕事をしている人（就業者）と求職している人（失業者）、つまり労働力人口が、生産年齢人口（通常は一五歳から六四歳までの全人口）に占める割合を表す。労働力人口（就業者と失業者）以外の人々の数が非労働力人口になるが、これには教育を受けている人（学生）、もっぱら家事労働をしている人（主婦あるいは主夫）、引退した人、病気・怪我・障害などの理由で働きたくても働くことができない人が含まれる。

図1-1は、横軸に男性の労働力参加率、縦軸に女性の労働力参加率（いずれも二〇一二年のもの）をとったグラフである。このデータでは分母が一五歳以上人口であり、六五歳以上の高齢者も含まれるため、就労していない高齢者が増えると分母が大きくなって労働力参加率が落ちることに留意してほしい。

点線は四五度線で、男性と女性の労働力参加率が同じである場合、この線上に点が乗ることになる。一見してわかることは、ＯＥＣＤに加盟するような経済先進国においては、いずれの国でも男性の労働力参加率のほうが高いということである。たとえばイタリアでは、男性の労働力参加率は六〇%弱である。もし女性の労働力参加率が男性と同じならば、イタリアを表す点はもっとずっと上（縦軸の六〇%近辺）に位置していなければならないが、現状は縦軸の四〇%近辺に位置している。このように、点から垂直に点線の位置まで上に伸ばした線の長さが、その国での男女の労働力参加率の違いを表している。スウェーデン、アメリカ、ドイツ、日本は、男性の労働力参加率は七〇%程度であるが、女性の労働力参加率についてはまちまちである。

　このデータを見るかぎり、日本の女性は（イタリアやトルコほどではないが）あまり就労していない、ということになる。世間の人々のイメージどおり、といったところだろうか。

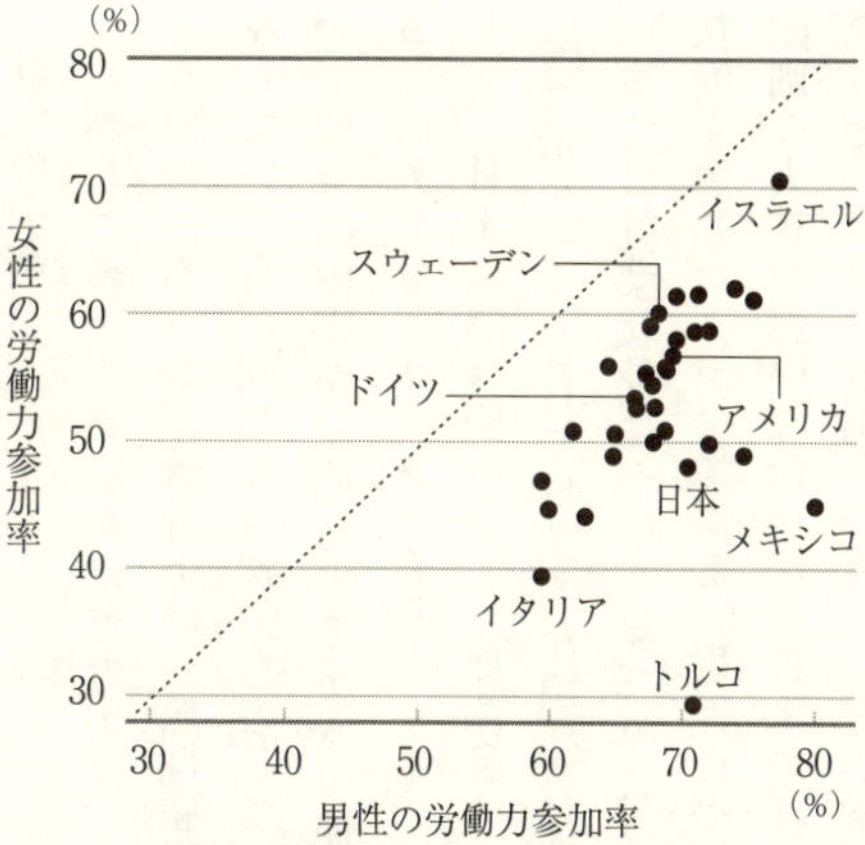


**図1-1　男性と女性の労働力参加率**（2012年）
（データ：世界銀行WDIより筆者作成）

## 就労の中身

しかしこのデータを見ただけでは、よくわからないことも多い。まず、「就労」の中身はどうなのだろうか。統計上は、無期雇用のフルタイムで働いていても、週一回のアルバイトをしていても、同じく「就労」としてカウントされてしまう。そこで、ＩＳＳＰデータを使って仕事の内実を記述してみよう。使用するデータは「ＩＳＳＰ２００５」から「２００９」の五年分のデータを合算したものである。本書では、特にアメリカ、ドイツ、スウェーデン、日本の四ヵ国のデータに注目する。理由はおいおい明らかになるが、この四つの国は「国のかたち」として特徴的な類型の代表であるからだ。

まずは就業状態について見てみよう。図1‐2は、一五歳から六四歳までの男女別に就業状態を示したグラフである。男性については、全体的に「フルタイム雇用」の割合が高い。国別の大きな違いはないが、日本では「自営・家族従業」の割合が高いこと、ドイツで「失業」と「引退」の割合が高いことが挙げられる。女性については、違いがより際立つ。アメリカ、スウェーデンと比べて日本とドイツでは「フルタイム雇用」が少ない。「家事」（すなわち専業主婦）と「引退」を合わせた割合、すなわち非労働力の割合は、日本で最も高く、ドイツ、アメリカが続き、スウェーデンは非常に少ない。

あとで詳しく説明するが、このたった二つのデータからも、国のすがたの重要な特徴を読

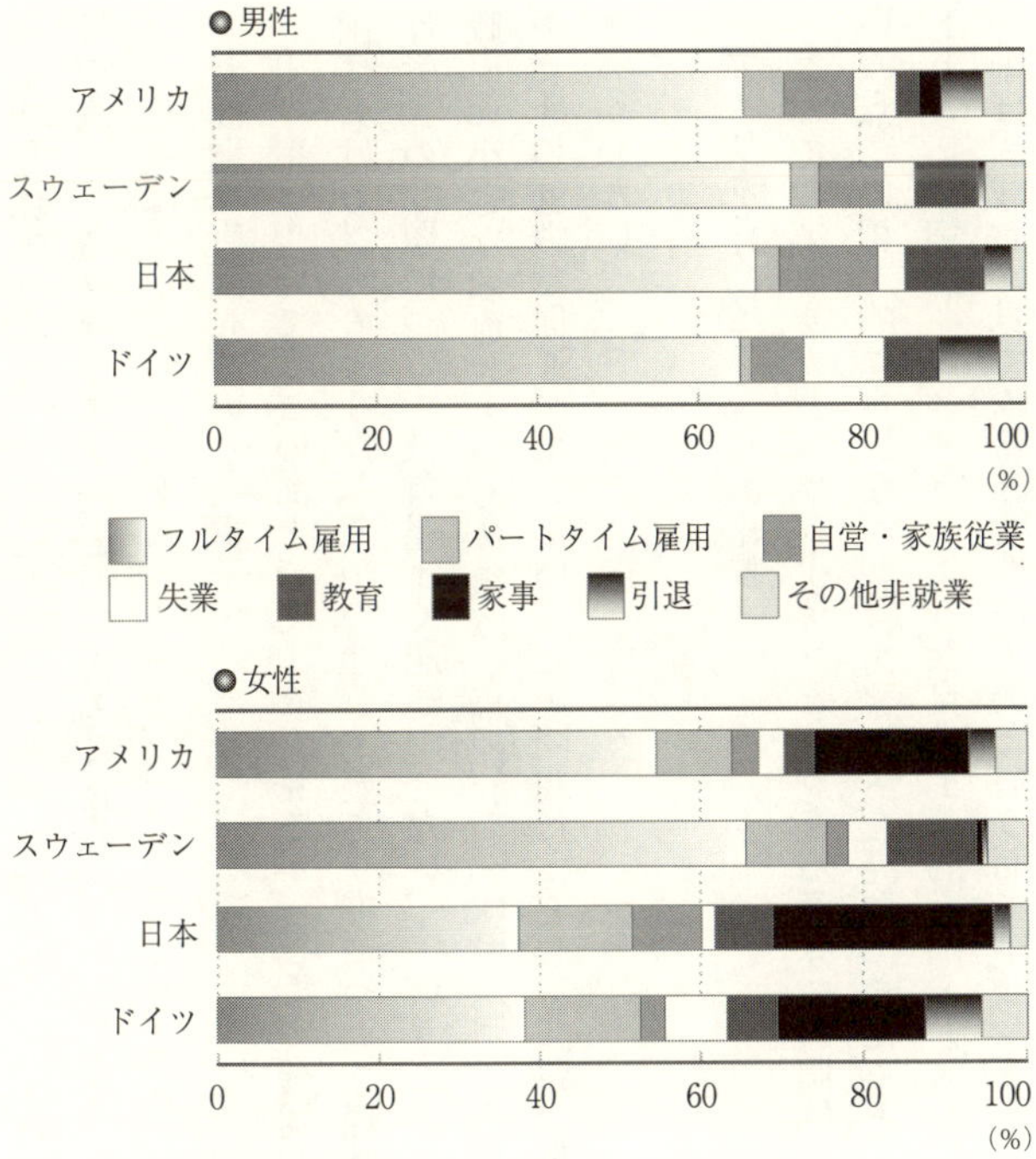


**図1-2　男女別就業状態**（データ：ISSPより筆者作成）

み取ることができる。先進欧米諸国では、男女平等の理念のもとで性別による就業の差が日本よりも小さい、と考える人は多い。しかしヨーロッパ随一の経済大国ドイツは、女性の働き方という面では日本にかなり近いのだ。

実は、「欧米vs.日本」という図式では、現在の日本での女性の働き方を適切に描写することはできない。ごくごく簡単にいうと、ポスト工業化社会において女性が活躍するような仕組みになってきたのは、アメリカなどの「小さな政府」、すなわち低負担・低福祉の国か、スウェーデンなどの「大きな政府」、すなわち高負担・高福祉の国である。ドイツ、日本はこのどちらにも入っていない。そしてこのどちらにも入っていない国では、共通した問題に直面している。少子化である。

出生率についてはこのあとでデータを見るが、ここで確認しておきたいことは、経済先進国における以上のような「三つの社会」のあり方について理解しないと、現在の少子化や女性労働の問題については首尾よく記述できない、ということである。馴染みのある「大きな政府vs.小さな政府」という枠組みに拘泥《こうでい》し、「政府（国）が寛容な福祉制度のもとで子育てや女性の就労を促進していないことが問題だ」として問題を単純化すると、対応を誤ってしまいかねない。

## アメリカとスウェーデンの比較

ここで、アメリカとスウェーデンというある意味で対照的な社会が、女性労働と出生率という点では相対的に良好なパフォーマンスを発揮できたことを不思議に感じる人もいるかもしれない。実は、アメリカのような自由主義的な国と、スウェーデンのような社会民主主義の国は、詳しく見てみると女性の労働という面でかなり異なった特徴を持っている。

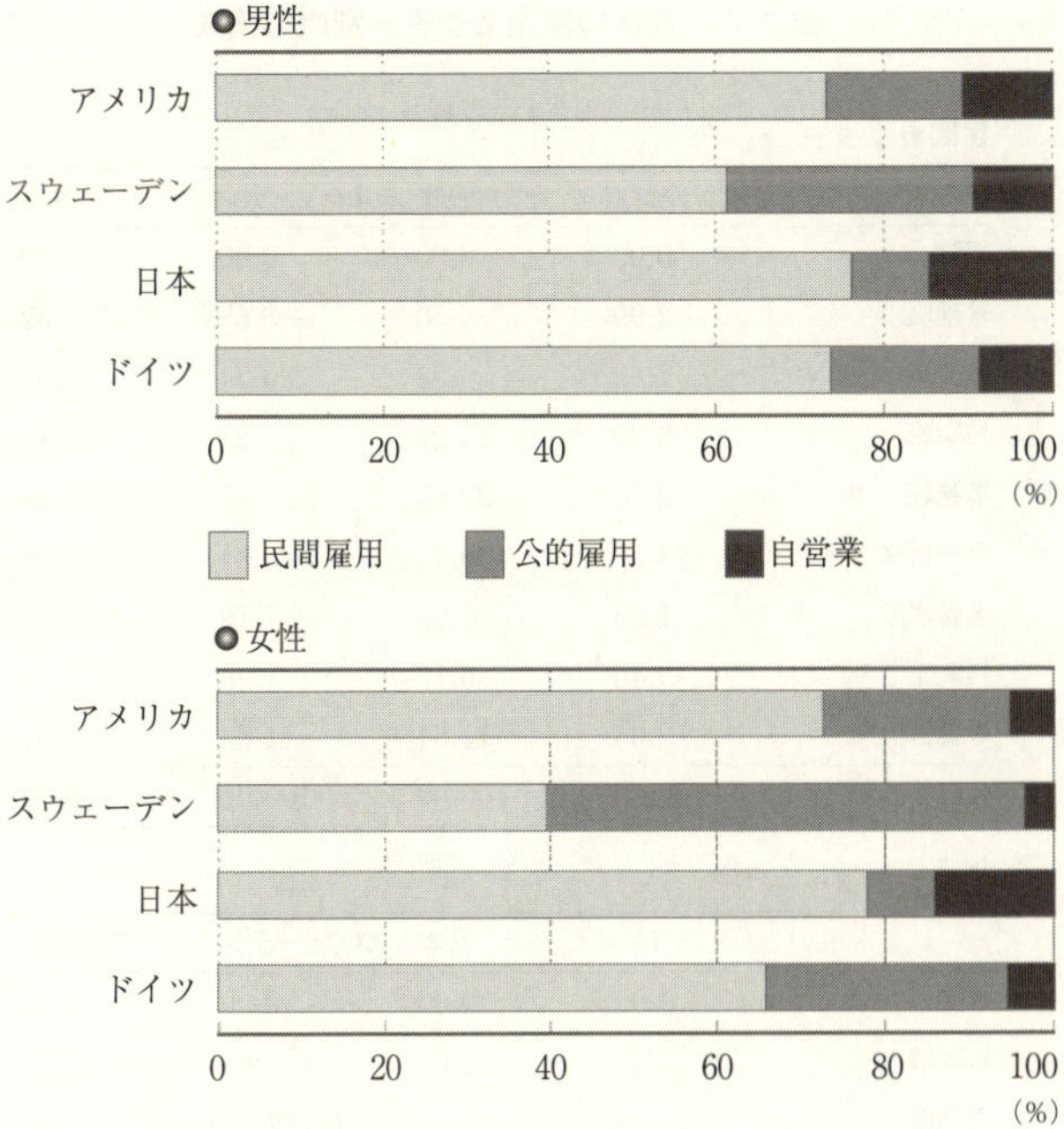


図1-3　男女別就業セクター（データ：ISSPより筆者作成）

もちろん両国とも、すでに見たようにフルタイムで雇用されている女性の割合が高いという点では共通している。しかし、また別のデータを見ると違いがはっきりとする。図1-3は、一五歳から六四歳までの男女就業者について、雇用セクターごとの割合を示したものである。

一見してわかることは、スウェーデン女性の公的雇用の多さである。スウェーデンでは、所得を得ている女性の実に五割以上が、公

表 1-1　女性の雇用セクター別職業構成

民間セクター

| | ドイツ | 日本 | スウェーデン | アメリカ |
|---|---|---|---|---|
| 軍隊 | 0.00 | 0.00 | 0.00 | 0.39 |
| 管理職 | 2.99 | 0.50 | 5.68 | 14.62 |
| 専門職 | 7.83 | 4.38 | 20.74 | 16.95 |
| 技術職 | 23.89 | 15.22 | 21.27 | 17.14 |
| 事務職 | 22.76 | 30.85 | 17.17 | 19.34 |
| サービス・販売 | 24.20 | 30.45 | 20.34 | 16.36 |
| 農林水産 | 1.85 | 0.90 | 1.19 | 0.26 |
| 技能工 | 3.40 | 6.17 | 1.98 | 2.01 |
| 単純労働職 | 13.08 | 11.54 | 11.62 | 12.94 |
| 合計 | 100.00 | 100.00 | 100.00 | 100.00 |

公的セクター

| | ドイツ | 日本 | スウェーデン | アメリカ |
|---|---|---|---|---|
| 軍隊 | 0.00 | 0.00 | 0.00 | 0.64 |
| 管理職 | 1.64 | 1.01 | 2.84 | 10.52 |
| 専門職 | 28.74 | 27.27 | 27.34 | 42.27 |
| 技術職 | 42.52 | 22.22 | 23.85 | 14.59 |
| 事務職 | 14.72 | 42.42 | 7.89 | 18.03 |
| サービス・販売 | 6.54 | 6.06 | 32.39 | 8.80 |
| 農林水産 | 0.23 | 0.00 | 0.37 | 0.00 |
| 技能工 | 0.93 | 1.01 | 0.46 | 1.50 |
| 単純労働職 | 4.67 | 0.00 | 4.86 | 3.65 |
| 合計 | 100.00 | 100.00 | 100.00 | 100.00 |

（単位は%、四捨五入のため合計が 100.00 にならない場合がある。
データ：ISSPより筆者作成）

的に雇用されているのである。「大きな政府」というと高い税率を思い浮かべる人が多いようだが、政府の規模が大きければ当然そこで働く人も多くなる、という当然の事実はなぜかあまり注目されてこなかった。逆に日本では、男女とも公的雇用の割合は極めて小さく、ドイツ、アメリカ、スウェーデンと比べたとき、際立った特徴になっている。また日本以外の国では、男女別に見たときに女性のほうが公務員比率が高いのだが、日本ではそうではない。他の国では、女性の活躍に公的雇用が大きく貢献しているのだが、日本ではそういった傾向がなく、女性は民間で活躍の場を模索してきたのである。

さらに、女性の職業の中身を見てみよう。**表1-1**は、やはり一五歳から六四歳までの女性の職業を雇用セクターごとに示した割合である。民間雇用について見ると、アメリカとスウェーデンにおいて専門職の割合の高さが目立つ。しかし管理職の割合を見ると、日本とドイツが低いことは予測できるが、スウェーデンもアメリカに比べるとずいぶん低いことがわかる。

実は民間雇用についていえば、アメリカやカナダなど、育児休業制度が発達していない「小さな政府」の国のほうが、政府による手厚い子育て支援が得られる北欧の国よりも、女性が高い地位に就きやすい、という状況が続いている。このパラドックスについては、第4章でその謎を解くことにする。

次に公的に雇用されている女性の職業構成について見てみよう。日本の事務（補助）職の多さと、スウェーデンのサービス・販売職の多さが際立つ。公的雇用といえば市役所などの行政機関のなかで事務的な仕事に従事するすがたを思い浮かべる人からすれば、スウェーデンの公的セクターで働く女性におけるサービス職の多さは理解できないかもしれない。スウェーデンの公的雇用サービス職の女性の職業の詳細を見てみると、七割弱が介護に関連するケアワーカー、二割程度が保育職であった。実に九割近くが広義のケアワーカーなのである。ちなみに、どの国でも公的に雇用されている女性の職業には専門職や技術職（準専門職）が多いが、専門職のなかには教員が多数含まれる。どの国でも、女性がそれなりに安定して所得の高い職業に就きたいならば、教師というのは魅力的な選択肢なのだろう。

## 出生率の違い

では仕事の次に、家族あるいは私生活に関わるデータから、国ごとの違いを見ることにしよう。

就業以外の大きなライフイベントといえば、学校（進学）を除けば、主に結婚、離婚、そして子どもの出生であろう。このうち、出生についても国ごとの多様性は大きい。すでに就労について見たので、まずは就労と出生率の関係についてのデータを見てみよう。図1-4は、

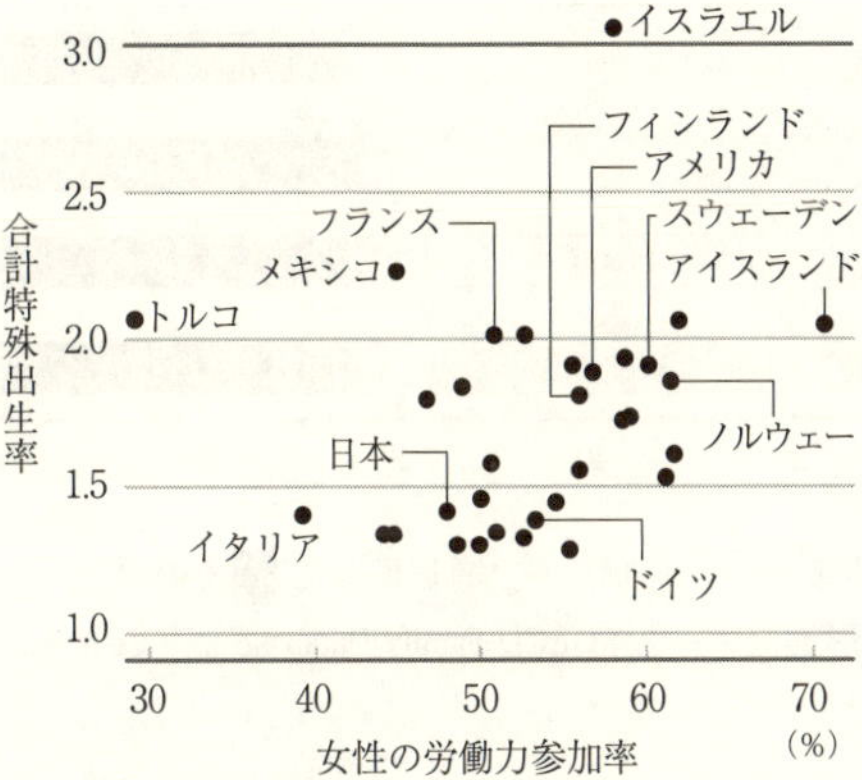


**図1-4　女性労働力参加率と出生率**（2012年）
（データ：世界銀行WDIより筆者作成）

二〇一二年の女性労働力参加率と出生率の関係を示したものである。イスラエル、トルコ、メキシコ、アイスランドなど、全体の傾向から外れたケースもあるが、女性労働力参加率と出生率はほぼプラスの関係であることがわかる（詳しくは第2章で見る）。

ここでも、市場原理を重視する社会の代表であるアメリカと、フィンランドやスウェーデン、ノルウェーなどの高負担・高福祉の国は近い位置にある。つまり、どちらも就労している女性が多く、出生率が比較的高いのである。日本、ドイツ、イタリアなど性別分業が強い国では、ここ数年は回復傾向にあるとはいえ、出生率は低いレベルになっている。

## 結婚の減少と同棲の増加

結婚については、各国で共通して見られる傾向として、婚姻率の低下と離婚率の増加がある。しかし特に一九七〇年代以降、カップルのかたちは結婚という形式のみでは記述できない。先進国の

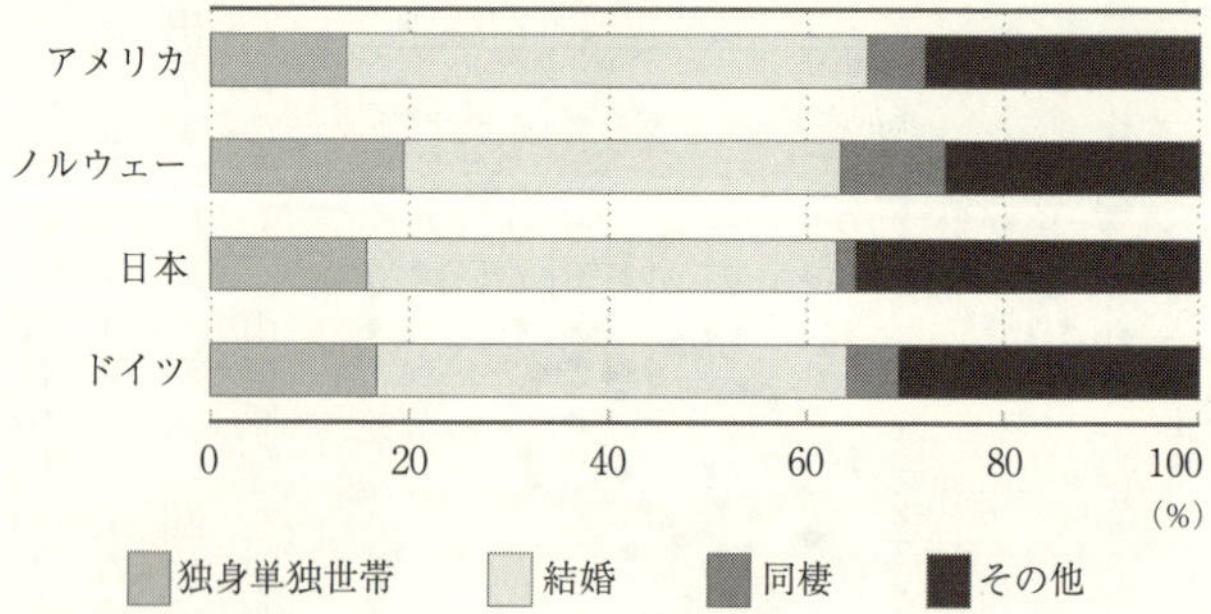


**図1-5　カップル形態**（データ：OECD Family Databaseより筆者作成。2014年6月閲覧）

若者のあいだで、同棲する人が急激に増えてきたからである。これもデータを見てみよう。

図1-5は、一五歳以上の人口を対象にカップル形態を示したものである。残念ながらスウェーデンと日本の両方が含まれたデータがなかったため、スウェーデンのかわりに同じ高負担・高福祉で知られる隣国ノルウェーに登場してもらった。どの国でも結婚している割合は高いが、ノルウェーで同棲率が高い。ついでアメリカ、ドイツときて、日本では同棲している人の割合は極めて低い。

データが欠ける国が多かったために示さなかったが、これを若年層に絞ると同棲の割合はもっと高くなる。たとえばノルウェーでは、二〇歳から三四歳に限ると、結婚している人は二五％、同棲している人は二二・七％とほぼ同等の割合である。ところが、ドイツでは年齢による違いはこれほど顕著ではなく、結婚は三三・七％、同棲は一三・六％である。

## 3　現在の仕事と家族を見る視点

### 一九七〇年代、道は分かれた

以上のような仕事と家族についてのデータの背景に、どのような社会・経済変動があったのだろうか。先ほどは一九六〇年代までの経済先進国における仕事と家族の歴史を描写したので、ここではその続きである。

一九六〇年代までの順調な経済成長がストップしてしまった一九七〇年代以降、先進諸国が直面したのは、景気の減速にともなう大量失業と税収の落ち込みによる財源不足の問題である。失業に対処する方策にはいくつかのものがあるが、一九六〇年代までは政府による需要喚起政策が主要な政策であった。公共投資や金融緩和などの需要喚起政策は、イギリスの経済学者ケインズが創始したマクロ経済学の理論に則《のっと》った政策で、一九六〇年代まではほとんどの国が採用した政策である。また需要喚起政策はインフレーション（貨幣価値の下落＝物価の上昇）を引き起こすが、それにより実質賃金が下がり、雇用が増えるという効果もあった。賃金は雇用契約で決められており、短期的には変動しにくいため、インフレが生じれば実質賃金つまり労働コストが下がるのである。一九六〇年代まではインフレと失業のトレードオフが基本的に成立しており、少なくとも短期的にはインフレを引き換えにすれば雇用が創出される、という状態があった。

しかし一九七〇年代にはインフレ下でも失業が生じるという事態（スタグフレーション）が生じた。各国はそこで異なった対応方針を模索しはじめる。先進国における国ごとの特徴がよりはっきりとしはじめるのは、これ以降である。

## 欧米三ヵ国の選択

スウェーデンでは、戦前から追求されてきた高負担・高福祉の路線を維持するという方針が堅持された。一九六〇年代までに完成したといわれる「スウェーデン・モデル」は、独特の雇用戦略を持っていた。すなわち、労働者と経営者が協調して賃金格差を圧縮したのである。それによって生産効率の悪い中小企業は苦境に陥るが、他方で生産性の高い規模の大きな企業は業績がよくなる。なぜなら、平均的な賃金水準というのは中小企業にとっては高い労働コストを意味し、逆に大企業にとっては安価に労働力を調達できることを意味するからである。中小企業が倒産することで失業が生じるが、政府が公的に失業者に職業訓練を提供し、余裕のある優良企業がそれを吸収する。これを「積極的労働市場政策」と呼ぶ。

ところが、世界に不況が蔓延《まんえん》した一九七〇年代には、このやり方があまり機能しなくなってしまう。スウェーデンは輸出で稼ぐ国であるため、政府は為替操作（通貨切り下げ）などの方策でなんとかこの苦境を乗り切るが、問題は先送りされただけであった。高福祉を維持するには莫大な財源が必要になる。この問題に対して、スウェーデン政府は主に二つの方策をとった。一つは医療と年金という、社会保障支出の大半を占める部門を改革し、財源に見合った効率的な運営を目指すことである。一九九〇年代に入ってスウェーデンは医療・年金制度を大胆に「リフォーム」することに成功した。

もう一つが、働き手を増やすという方策である。スウェーデンはもともと「大きな政府」に雇用された女性がよく働く国であったが、特に一九八〇年代以降は、雇用の増加の大半が政府に新たに雇用された女性で説明できる、といわれる。具体的には、政府がケアワーク等の社会サービスを提供するために女性を大量に雇用し、女性をますます（少なくとも自分の家族の）育児・介護から「解放」したのである。

これは前節で挙げたデータを見てもわかりやすく示されている。すなわち、スウェーデンは「男女ともによく働くが、男女で別々の場所で別々の仕事をしている社会」、つまり「性別職域分離」が進んだ社会になった。典型的には、男性は民間企業で、女性は政府に雇用されて仕事をするようになったのである。

アメリカでは、規制緩和などを通じ、市場メカニズムを活性化することで失業に対処するという方針がとられた。（一部では）悪名高き「新自由主義」路線である。企業の経営者からしてみれば、労働の固定コストというのは大きな関心事である。固定コストとは、雇い入れた人がどのような働き方をする場合でもかかってくるコストである。たとえば最低賃金が高ければ、経営者は人を新たに雇いにくくなる。また、社会保険料の負担が会社にも課される場合（日本では企業と労働者が折半している）、会社は新たに人を雇用することを控えるか、あるいは社会保険の負担がかからない非正規労働者を優先的に雇用するだろう。こういった雇用規制に欠けることが、一九八〇年代以降のアメリカの好調な雇用を支えたとも考えられる。

もちろん、その代償はあった。大量の低所得者層の登場と所得格差の増大である。とはいえ、低所得者が特に女性に集中するということはなかった。アメリカは活発な女性運動を背景に様々な分野での男女機会平等が進んだ国であったことも影響しているが、スウェーデンのように長期の育児休業制度が保証されていなかったから、という面もある。子どもを持つ女性にとっては厳しい環境ではあるが、雇用主としては、出産に際して女性が長期離脱することがないため、女性を男性と同じ条件で処遇することができたのである。これが、スウェーデンと比べてアメリカの民間企業に女性の管理職が多い理由の一つである。これらの結果、アメリカは「（スウェーデンと同じく）男性も女性もよく働くが、社会全体の格差が大きな国」となっている。

ドイツ（当時の西ドイツ）では、すでに安定した雇用に就いている男性稼ぎ手の職を保持し、その外（つまり女性）には雇用を広げないという方針がとられた。また固定コストの高い高年齢の男性労働者については、早期退職（引退）制度によって労働市場から退出してもらって公的年金で扶養し、それによって若者の雇用を確保しようという戦略が優先された。先の図1-2に表れたようなドイツでの引退者の多さは、政府による方針の帰結である。要するに、失業に直面したとき、スウェーデンやアメリカが（労使協調下での連帯的賃金政策と市場原理のもとでの規制緩和という正反対の方法ではあったが）雇用を〈拡大〉することを目指したのに対して、ドイツではむしろ雇用を〈縮小〉することを目指したのである。その結果、女性の雇用拡大は順調に進まなかった。

さて、これら三ヵ国の違いはどのように結婚や出生のあり方に結びついたのだろうか。

欧米の若者のあいだで同棲が広がったことの背景には、実は雇用の不安定化がある。国によって事情が異なる点もあるが、欧米諸国では（イタリアなど一部を除いて）、高校を卒業すれば親元を離れることがなかば「当たり前」になっている。しかし、若者は雇用も所得も不安定である。そのときにとられる戦略が、他人と同居することで生活コストを節約するというものである。そして、どうせ同居するならば恋人どうしであるほうがよい、という考え方も十分に合理的といえるだろう。

また、スウェーデンやアメリカでは、男女が共働きする環境がドイツや日本に比べて整っていたため、たとえ男性の所得が安泰ではなくても、カップルのあいだで子どもをつくることのハードルが高くならなかった。ドイツはアメリカやスウェーデンと同じく親元からの独立志向が強いのだが、男性稼ぎ手モデルを維持してきたことが、子どもの出生にとって障害となったといえる。

### 日本が経験した変化

では、我が国は一九七〇年代以降の問題にどう対処してきたのだろうか。

そもそも日本では、失業は他の先進国ほど深刻にならなかった。オイル・ショック後でも失業率は二%ほどにしかならず、大陸ヨーロッパ諸国が一〇%を超える失業率に苦しんでいたのとは対照的である。これは、日本がオイル・ショック後も四%以上の比較的高い経済成長率を維持できたこともあるが、独特の雇用慣行と経済セクター構造による部分も大きい。

企業は、景気が落ち込んで仕事の量を減らしたり、産業構造の変化に対応して仕事の配分を変えたりする必要が出てきたとき、雇用調整をすることになるが、雇用調整には二通りの方法がある。一つは企業（あるいは企業グループ）内で人員を再配置すること。これが内部労働市場で、日本人にとってはお馴染みのやり方であろう。もう一つが会社の外から採用したり、会社の外に出す、つまり解雇したりすることである。これが外部労働市場、典型的には転職市場である。「課長のポストが空いた、誰が課長になるのか」というときに、いきなり外部から雇用された人がポストに就くことは、内部労働市場による雇用調整にどっぷりつかった日本人にとっては馴染《なじ》みのないやり方だろう。

一九七〇〜八〇年代を通じて、日本は内部労働市場を駆使し、そのなかで（人員を減らすのではなく）労働時間や賃金を減らすことで対応した。アメリカが規制緩和によって外部労働市場を活用して雇用を活性化し、スウェーデンが積極的労働市場政策や女性の公的雇用を通じて雇用を増やそうと試み、ドイツが高年齢の労働者を中心に会社から退出してもらうという戦略をとったのとは、また異なる第四の方法であった。会社が、雇用している人の職務内容や勤務場所、そして賃金をかなりフレキシブルに変更できるという日本的雇用の特徴によって、失業が抑制されたのである。

しかし、日本の労働市場がすべて内部労働市場の論理で動くわけではないし、アメリカの労働市場がすべて外部労働市場で動くわけでもない。日本にも極めてわかりやすい外部労働市場が存在する。それは、パートタイム、アルバイトなどの非正規雇用の労働市場である。

まえがきでも触れたように、日本では一九七〇年代に女性労働力参加率が底を打ったが、そのあと女性の雇用率はコンスタントに増加してきた。その多くは、未婚のフルタイム就業者と既婚のパートタイム労働者である。企業は景気が悪化すると、まずはパートタイム労働などの非正規雇用から先に減らすのだが、職を失ったパートタイムの女性たちの多くは失業者とならず家庭に戻ったため、失業率が抑えられたという点も無視できない。

さらに、日本にはアメリカ、スウェーデン、ドイツなどと比べればかなり厚みのある自営業層と農業層があったため、こういった「旧セクター」が余った雇用を吸収した、という事情もあった。日常的な言い回しでは「田舎に帰って農作業を手伝う」「家業を継ぐ」人がまだまだいたわけである。国勢調査によれば、一九七〇年時点で全世帯のうち農業世帯の占める割合は約九%、自営業の世帯は約一六%で、合わせると四世帯に一世帯は農業・自営業の世帯であった。この数値は二〇〇五年には約一割にまで小さくなり、農業・自営セクターで吸収することができない人は失業者としてカウントされるようになる。

このように、日本では一九七〇年代以降においても政府が国民の生活保障に直接乗り出すことはなかった。大企業は配置転換や出向というかたちで男性稼ぎ手の雇用を維持し、家庭はパート女性を専業主婦として非労働力化し、自営業や農家は余った労働力を柔軟に吸収した。このようななかで、「男性は会社で稼ぎ、女性は主に家事・育児・介護をする」という性別分業が堅持されてきたのである。この点はドイツと似ているが、ドイツでは引退世代を政府が公的な年金で扶養していたのに対して、日本では企業、家庭、古い経済セクターが全体として失業を抑制するように機能したのである。

パートタイマーの人たちが参加する外部労働市場には、家族からすれば子育てなど家庭の事情によって働くのをやめたり始めたりすることが容易であり、経営者からすれば必要なときには労働調整、つまり解雇がしやすいという特性がある。このような外部労働市場が、正規雇用の夫と家計を共有する有配偶女性向けに形成されてきたことの帰結は、その後の正規雇用・非正規雇用の賃金格差の問題となって現れてくる。つまり、パートやアルバイトなどの非正規雇用が多くを占める日本の外部労働市場は、新卒・正規雇用向けの労働市場を除けば、「自立して食べていけない」人のための労働市場になってしまった。これが日本の晩婚化、ひいては少子化問題の解決において、深刻な障害となって現れるのである。

# 第2章　なぜ出生率は低下したのか？

## 1　少子化・未婚化の要因を探る

### 共通了解があるところ

第1章では、他国との比較を通じて、日本における仕事と家族のあり方の特徴を描き出したが、この章では特に出生率に焦点をあてる。日本の低い出生力が将来において深刻な人口減と労働力縮小という問題を引き起こしつつあることは、様々なところで指摘されている。ここでは少子化の帰結についてはあまり立ち入らず、むしろその要因に注目してみよう。

少子化の要因については諸説が飛び交っており、きちんと整理されているとはいえない。とはいえ共通了解となっている部分もあるので、まずはそこから確認しよう。ほぼすべての経済先進国が経験してきた人口変動に、「人口転換」というものがある。これは、多産多死の状態から少産少死の状態への転換を指す。農業が盛んな時代では、子どもは欠かせない生産力であったため、子どもをたくさんもうけようとする人が多かった。しかし栄養・衛生環境があまりよくないため、子どもが小さい頃に亡くなってしまうケースが多く、生産力を維持しようとすれば女性はたくさん子どもを産む必要があった。これが多産多死の段階である。

この出生のパターンを変えたのは、ここでも工業化に代表される近代化であった。医療の発達で衛生状態も改善し、また避妊が一般化するなかで、少なく産んで大事に育てるという考え方が一般的になっていく。また、工業化さらにはポスト工業化により、労働者に必要とされる技能・知識のレベルが高まるので、子どもの教育コストが高くなった。その結果、日本でも一九五〇年代後半あたりから「子どもは二人あるいは三人」という考え方が生まれ、それは二〇年間ほど実現されてきたのである。この出生力の変化を、人口学では「第一の人口転換」と呼ぶ。この人口転換の過渡期に一時的現象として発生するのが多産少死の状態、すなわちベビーブームであり、日本では一九四〇年代の後半に生じた。このときに生まれた世代のことを後に「団塊の世代」と呼ぶようになった。

　このように、少なくとも初期段階の少子化は、（あとで触れる）女性の労働力参加と両立困難によってもたらされたというよりは、「少なく産んで大事に育てる」という、工業化に対応した考え方の帰結であった。これはしたがって、「（二〜三人という）希望する子どもの数に現実の子どもの数が近づいていく」というプロセスである。

　工業化する前の農業の時代においても、土地の生産力などの制約により、子どもの数を意図的に抑制することは行われた。出産調整は主に女性の婚期を遅らせることによって行われたが、緊急性が高ければ間引きなども見られた。農村から都市に子どもを奉公人として送り出すことも盛んに行われた。いずれにしろ工業化より前の段階では、「少なく産んで大事に育てる」という発想はなかった。

　また、少子化が女性の労働力参加の重要な条件となった（落合 2014）という点も、人口転換の時期の特徴である。「子だくさん」の女性は農業や家業には参加できても、通勤が必要な外部での賃労働に長期的に従事することは難しい。どの国でも、ベビーブームを支えた女性は賃労働をする女性ではなく、主に家業の手伝いか専業主婦であった。

　しかし現在多くの先進国で問題となっている少子化は、このような多産多死の状態から少産少死の状態への転換を指すわけではなく、多くの場合「現実の子どもの数が、希望する子どもの数を下回っていく」というプロセスである。現在の少子化を考える際は、まずこのこ

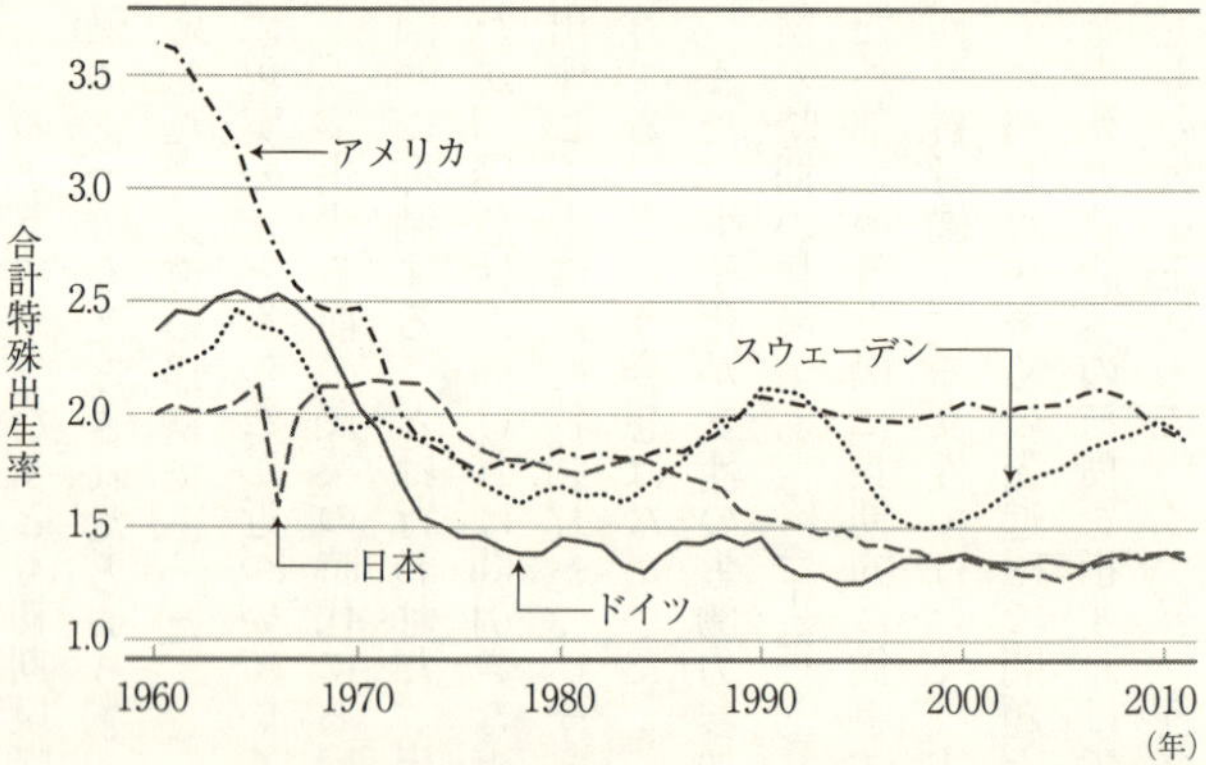


**図2-1　4ヵ国における出生率の推移**（データ：Comparative Welfare State Dataset より筆者作成）

注）Comparative Welfare State Dataset（以下CWS）は、David Brady、Evelyne Huber、John D. Stephens らによって収集・整備されたデータセットである。本書で使用しているのはVersion: 25-02-2014で、http://www.lisdatacenter.org/resources/other-databases/ などから入手可能である。個々のデータのもとのソースについては、同データセットのコードブックを参照してほしい。

とを理解しておく必要がある。「子どもが二人もしくは三人」というのは、その社会の人口を維持するのに十分な数である。どの国でもおよそ二・〇より少し高い出生率が「人口置換水準」であり、その値が維持されるなら人口も維持される。識者の多くは、人口転換のあと、出生率は人口置換水準付近に落ち着くと考えていた。しかし、多くの国はポスト工業化のなかで出生率が人口置換水準を大幅に割り込むという事態を迎えた。

第1章でもとりあげた四ヵ国の出生率の動向について、図2-1を見てみよう。どの国でも一九七〇年前後に出生率が二・〇を割り込んでおり、そこからのパターンは多様である。アメリカはその後出生率が回復し、ほぼ二・〇の水準を維持できている。スウェーデンの出生率には大きな波がある。ドイツは一九七〇年代に出生率が一・五を割り込んでから、一度も一・五を超えない低空飛行状態が続いているが、二〇〇〇年以降は非常にゆるやかだが回復傾向が見られる。

## 日本における少子化と未婚化

日本はといえば、一九六〇～七〇年代の約二〇年間、「ひのえうま」の一九六六年を除いて、出生率が二・〇を少し上回る水準の安定した時期が継続したことが特徴である。しかしその後、一九七〇年代の後半から出生率の低下が続いた。このトレンドが反転するタイミングはドイツよりもさらに遅れ、二〇〇六年以降ようやく回復局面に入った。

何がこのような出生力（出生率によって示される出生傾向）の変化を引き起こしてきたのだろうか。人口学によると、出生力は、有配偶率（どれくらいの人が結婚しているか）、有配偶出生力（結婚している人がどれくらい子どもをもうけているか）、婚外出生力（結婚していない人がどれくらい子どもをもうけているか）の三つによって説明できる。日本では婚外出生力が極めて小さいため、結婚していない人が増えていることと、結婚していても子どもをあまりつくらなくなっていることの二つの要因によって少子化を説明することができる。そして、少なくとも二〇〇〇年までは、日本の少子化の七割程度は有配偶率の低下によって説明できることがわかっている（廣嶋2000、岩澤2002、岩澤2008）。その後、有配偶者の出生率低下の影響が相対的に強まるのだが、それでも日本の少子化の主要な要因が未婚化であるという事実には変わりがない。

日本の少子化について、ここまでは共通了解がある。一九七〇年代まで遡っても婚姻率、婚外出生率のデータがきちんと存在するため、出生力低下のどの部分までが未婚化によるもので、どの部分からが夫婦出生力の低下によるのか、比較的はっきり計算できるからである。

しかしこの先の、未婚化の要因については見解が一致せず、研究者のあいだでも大きく意見が分かれる。たくさんの研究者が要因を分析し、自説を提示している。しかし議論が収束せず、一般の人々も少子化をもたらした未婚化の要因についてのまとまった考え方を持つことができないでいる。多様な見解があることは、学問の世界では必ずしも悪いこととは考えられない。しかし、あまりに議論が整理されないままだと、明らかに間違った対策に同意してしまうなど、社会に害をもたらす可能性も高い。多くの日本人が少子化とそれによる高齢化と人口減少が大きな問題であることを認識しているにもかかわらず、それをもたらす未婚化の要因についての理解が混乱したままだ、というのは社会的な損失である。

## 価値観か、経済要因か

ここで、日本の少子化の主要な要因である未婚化がなぜ起きたかの分析に入る前に、既存の研究枠組みを整理して、そこに何が不足しているのかを明らかにしてみよう。

阿藤（1997）によると既存研究は、まず経済要因を重視する立場と価値観の変化を重視する立場に分かれる。さらに前者には、女性の経済的自立を重視する立場（大橋 2000）と、経済成長の鈍化による男性の所得上昇見込みの下落に求める立場（山田 2007、加藤 2011）がある。価値観の変化が重要だと考える人は多いし、その証拠もある程度存在する。具体的には、各種調査を通じて、「結婚しなくても充実した生活ができる」という考え方が増えていること、また結婚しない人への偏見や周囲からのプレッシャーの減少などが確認できる。

しかし、実際には価値観の変化による影響と経済要因の変化の影響をはっきり区別することは難しい。たとえば女性が経済的に自立するようになれば、当然「満足のいかない結婚なら しなくても、あるいはしないほうが充実した生活ができる」と考える人は多くなるだろう。以前ならば多少不満がある相手（たとえば恋愛感情をどうしても抱けないような相手）でも、「女なら結婚して子どもを産むのが当然」という風潮があったために結婚したのだが、最近ではそういった相手と無理してまで結婚しなくてもよくなったということはあるかもしれない。これは価値観の変化ともいえるし、他方でこの変化が女性の経済的自立によって引き起こされたという意味では経済要因ともいえる。

また、各種調査結果から明らかなように、日本人の結婚・出産についての価値観は「独身・子どもなし生活」を積極的に肯定するように変化してはいない。私たちは「独身・子なし」という生き方に価値を見出すようになったというよりは、「無理して結婚・出産しなくてもよい」と考えるようになってきた、というだけの話である。「価値観が変わった」というのは簡単だが、その内実をきちんと理解しておかないと、議論に混乱を呼びこんでしまう。

以上を受けて筆者は、肝心なのは結婚・出産を望む人がそれを叶えられる社会を実現することであり、今でもほとんどの人は結婚して子どもを持ちたいと考えている以上、経済的な障壁を取り除くことで十分な少子化対策になると考える。

ところで、未婚化においてしばしば指摘されるのは出会いの構造の変化である。典型的には「見合い婚」が減って「恋愛婚」が増えてきたことが未婚化と関連するのではないか、という考え方がある。出会いの影響は確かに無視できないかもしれないし、出会いを公的にサポートするなどの直接の結婚促進策は現に行われている。しかし、一九七〇年代以降の女性の雇用労働化のなかで、男女の出会いの場が急激に縮小しているとは考えにくい。四〇年間に及ぶ未婚化の流れを変えるには、もう少し根本的な要因をさぐることが重要になる。

## 既存の枠組みの限界

では、次に経済要因に分類されてきた既存研究の二つの立場を見てみよう。実は、ここにさらに大きな混乱が見られるのである。

従来の図式をもう少し補足してみよう。一つの立場は、「女性の高学歴化が未婚化・少子化を引き起こしてきた」とする立場である。もう一つは、「いや、男性の所得見込みの低下や雇用不安が未婚化・少子化を引き起こしてきたのだ」というものである。未婚化について前者は女性側の要因、後者は男性側の要因を強調している。

しかし、このような分け方では、先ほど挙げたようなケースが説明できない。すなわち、「女性が高学歴になって経済的に自立したことで、無理に急いで結婚する必要がなくなり、女性の結婚に対する希望水準が上がる。それにより現実と希望とのギャップが広がり、未婚化が生じた」というパターンである。このように考える女性は、そもそも仕事と家庭の両立など望んでいないかもしれない。「仕事を続けてある程度の所得を得られるようになったので、無理に満足のいかない結婚をする必要はない。しかしよい条件で結婚できたなら、夫の稼ぎで生活し、自分は仕事を辞めるだろう」と考えているかもしれないのだ。

問題は、未婚化を「女性要因（女性の高学歴化）／男性要因（男性の雇用不安定化）」と単純に分けてしまうことにある。実際には、女性の高学歴化が未婚化につながる経路には、二つのルートがありうる。一つは「女性が大学で身につけたスキルを仕事で活かしたい」と考えており、しかし実際には結婚生活と仕事の両立が難しいために未婚化が生じた、というものである。これは「機会費用」説、あるいは「両立困難」説とも呼ばれる。機会費用とはこの場合、結婚や出産によってあきらめなければならない所得のことを指す。女性の高学歴化などで潜在的生産性が上がれば、結婚・出産の機会費用は当然上昇する。

もう一つのルートは、女性がより多くの所得を得るようになったために、無理な結婚をしなくなり未婚化が生じた、というものである。これは女性の側での結婚のハードルの上昇を意味しており、「希望水準」説と言い換えることができる。希望する結婚生活水準と現実にありそうな水準とのギャップが結婚を遅らせてきたのだ、という見方である。この場合、女性はそもそも仕事と結婚生活の両立を望んでいないのだから、「機会費用」説はあてはまらない。しかしこのパターンの未婚化を生じさせているのは、明らかに女性の高学歴化と経済的自立なのである。

(注)「希望水準」について、山田(2007)は「期待水準」という言い方をしているが、期待水準には「現実に予測される水準」といった意味もあるため、ここでは希望水準という言葉で言い換える。ちなみに希望と現実のギャップが未婚化を引き起こしたという見方は、山田によって最も体系的に主張されてきた説である。

さらに、次のようなパターンはどうだろうか。「男性の雇用が不安定化したために結婚難が生じた。ここでもし共働きという選択肢があれば未婚化が生じなかったはずなのに、日本では女性にとって仕事と家庭の両立が困難なので、結婚が妨げられた」というパターンである。実はこのパターンも、既存の枠組みに収まらない。男性雇用の不安定化を指摘する点では先ほどの「希望水準」説にあたるが、両立困難も未婚化の要因になる。

## 未婚化要因を整理する

以上のように、未婚化について女性側の要因と男性側の要因を分けて考えると、現実に生じている未婚化のプロセスを適切に記述できない。この後、具体的なデータをもとに現実を見るが、データにあたる前に理論枠組みをしっかり立てておくことは重要だ。

そこで、図2-2のように整理してみよう。少し複雑だが、しばらくお付き合い願いたい。未婚化の発端となった背景要因については、一九七〇年以降の社会変化、すなわち女性の高学歴化にともない女性の労働力参加が増えたことと、ニクソン・ショックおよびオイル・ショックを契機とした経済成長率の低下の二つを想定している。図では、一番左の出発点にこの二つを配置した。目的は、この二つの社会変化がどのような「ルート」を辿って一番右の未婚化につながったのかを説明することにある。

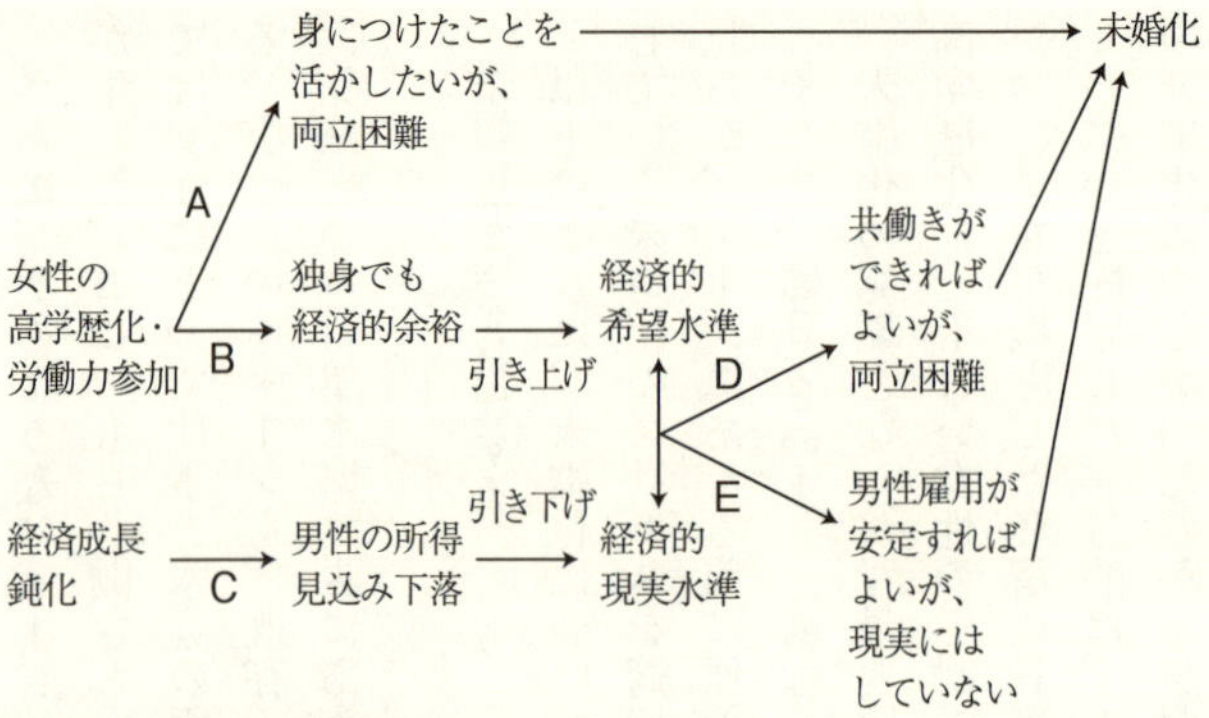


図 2-2　未婚化の要因

一番上のルートAは、次のような説明である。高学歴女性の増加により、結婚・出産後も（たとえ夫の所得だけで十分に生活できる場合でも）独身時代のように技能を活かした仕事を続けたいという女性が増えたが、それが困難なので未婚化が生じた、という説明である。

これに対してルートBとCは、何らかの要因によって経済面での希望水準と現実水準のギャップが広がり、そのことが結婚を遅らせてきた、という見方である。希望と現実のギャップは希望の引き上げか現実（見込み）の下落によって生じる。Bのルートは女性の高学歴化・労働力参加により、結婚相手への希望水準が上昇したことを指している。つまり、かつての女性は一人で生活していくことが難しいため、条件の悪い男性とでも結婚した。ところが女性も働いて所得を得るようになったことで、満足のいく相手が見つかるまで結婚を先延ばしできるようになった。あるいは自分よりも所得の高い男性を求めるようになったために、結婚難が生じた、といった場合である。Ｃのルートは男性の所得見込みが下落して、結婚生活を維持できるだけの経済水準を保てなくなったことを示している。

さて、ＢとＣのいずれかの要因（あるいはその両方）により、希望と現実のギャップが生じてしまったとしよう。このギャップがある場合でも、もし多くの人々が「共働き環境が整っていれば、女性の側もしっかり稼ぎながら、結婚して子どももつくるのに」と考えており、しかし現実にはそれが難しいために未婚化・少子化が生じたのであれば、問題はＡと同じく「両立困難」だ、ということになる（ルートＤ）。ただし、ＡとＤはともに両立困難が未婚化を引き起こすパターンだが、Ａでは女性が「身についた知識・スキルを活かしたい」と考えているのに対して、Ｄでは女性はそういった考えを持っておらず、共働きの理由は（スキルを活かすことではなく）満足できる生活レベルの達成である。

他方で、もし多くの女性が「結婚したら仕事を続けるつもりはないので、ちゃんとした職に就いている男性としか結婚したくない」と考えており、しかし現実にはそうした男性が減っているために未婚化・少子化が生じたのであれば、ルートＥがあてはまる。この場合には共働きのための両立支援は解決にならず（そういった条件を整備しても誰も両立を希望しないので）、あくまで男性の雇用の安定化が必要になる。これがルートＥである。

ルートDとEは、実際には両方ともあてはまることもありうる。希望と現実のギャップを埋めるのはどちらでも（つまり共働き社会化でも男性の稼ぎの安定化でも）よいが、男性雇用が不安定化し、かつ共働き社会にもなっていないために未婚化が生じているのかもしれない。もちろん、未婚者の多くが「（共働きが可能かどうかにかかわらず）男性が稼いで一家を支えるべきだ」という価値観をいまだに強く持っている場合には、両立支援制度をいくら充実させても男性雇用が安定化しないかぎり未婚化が止まらず、あてはまるのはルートEのみ、ということになる。

以上の理論枠組みを踏まえて、なぜ従来の日本の未婚化・少子化についての議論が混乱してきたのかをあらためて見てみよう。従来の枠組みだと、「女性が経済的に自立したが、両立困難なので未婚化した」というルートAにそった説明（「両立困難・機会費用」説）か、「男性の経済的地位が低下して、女性から見て結婚してもよいと思える男性が少なくなったから未婚化した」というルートC→E（「希望水準」説）にそった説明が有力であった。

しかし、女性の経済的自立をすぐに両立困難の問題に結びつけることはできない。「経済的に自立したから、両立できる環境でないと結婚したくない」という女性はルートAにあてはまるが、経済的に自立した女性が必ずしも両立を望んでいるとは限らない。「理想の相手と結婚するまで待てる経済力はあるから慌てて結婚はしないけれど、理想の相手と結婚したら仕事を辞めて子育てに専念したり、余裕のある私生活を送りたい」と考える女性が多く、しかし現実には安定した稼ぎのある男性が減ったために未婚化が進んでしまった、というパターンが考えられる。この場合、あてはまるのはルートB＋C→Eになるだろう。

他方で、男性の所得見込みの下落が未婚化を引き起こしたという説明と、両立困難（両立支援不足）が未婚化を引き起こしたという説明は両立しうる。ルートC→Dのパターンである。さらに、もしルートB→Dがあてはまるとすれば以下のようになるだろう。高い所得を得るようになった女性は、男性との共働きを通じてより豊かな結婚生活を望むようになる。しかし、結婚して仕事を辞めると（男性の稼ぎだけでは）その水準達成は難しくなるだろうから、両立できる条件が整うまでは結婚しない、といったパターンである。

理論枠組みの説明は以上である。次の節で実際のデータを見て、日本ではいったいどのルートが説明として有効なのかについて検討することにしよう。

## 2　日本で未婚化が進んだのはなぜか

### 男女別の未婚化動向

日本の未婚化が先に示したどのルートによって生じてきたのかを論じる前に、説明のター

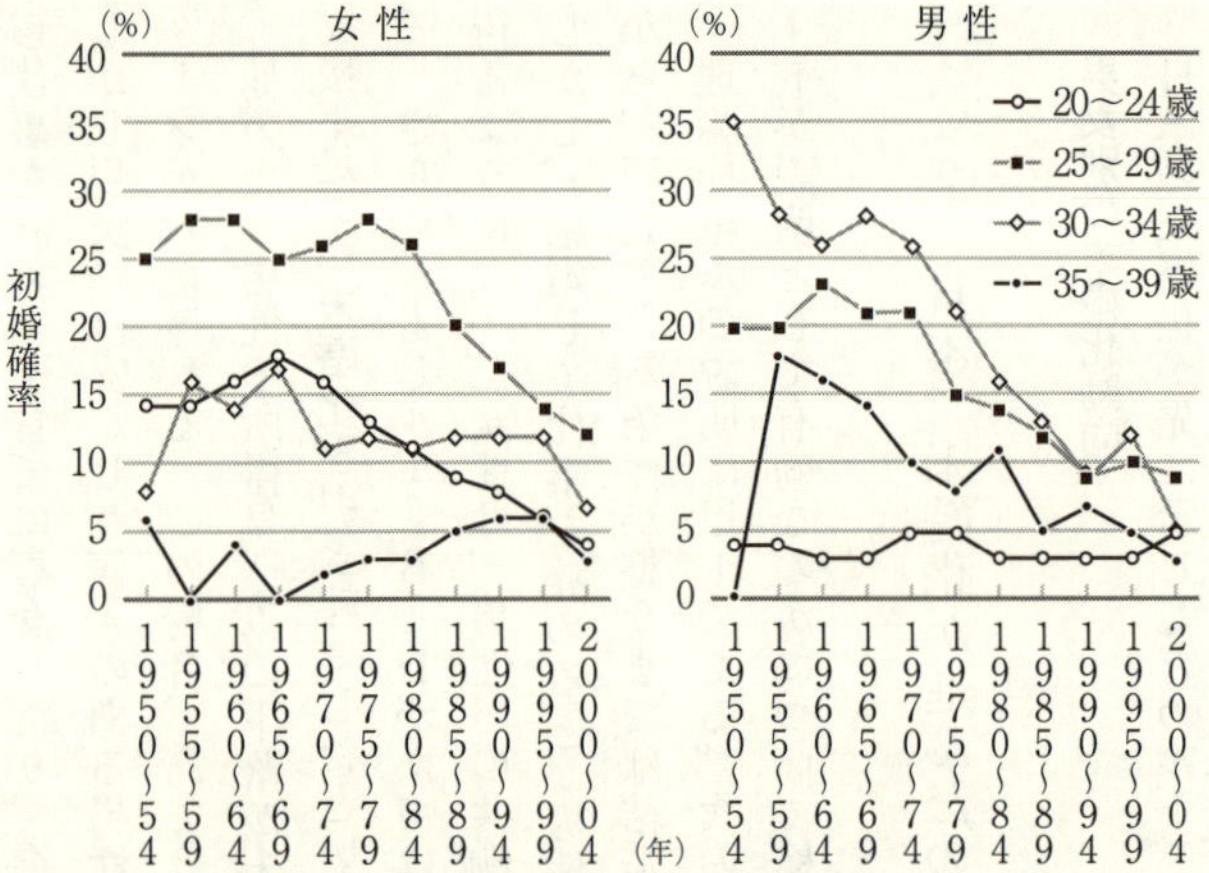


**図2-3　1950〜2004年の年齢区間別初婚確率の推移**（データ：JGSSより筆者作成）

注）JGSS（日本版総合的社会調査）-2000、2001、2002は、大阪商業大学比較地域研究所が、文部科学省から学術フロンティア推進拠点の指定を受けて（1999〜2003年度）、東京大学社会科学研究所と共同で実施した研究プロジェクトである（研究代表：谷岡一郎・仁田道夫、代表幹事：佐藤博樹・岩井紀子、事務局長：大澤美苗）。東京大学社会科学研究所附属社会調査・データアーカイブ研究センターがデータの作成と配布を行っている。JGSS-2006は、大阪商業大学JGSS研究センター（文部科学大臣認定日本版総合的社会調査共同研究拠点）が、東京大学社会科学研究所の協力を受けて実施している研究プロジェクトである。

ゲットである未婚化について概観しよう。図2-3を見てほしい。これは、一九五〇〜二〇〇四年の女性と男性の初婚確率を示したものである。具体的には、一九五〇年から二〇〇四年までのあいだに、二〇歳から三九歳の未婚者がその年に結婚する確率である。

ここでは未婚化という言葉を、晩婚化（結婚タイミングの遅れ）と非婚化（結婚しない人の増加）の両者を指す言葉として使っている。データ上は晩婚化と非婚化を区別することは難しいが、たとえば四〇歳代になっても結婚しない人が増えたとすれば、それは単なる晩婚化というよりは非婚化であるといえるだろう。

まずは女性である（左のグラフ）。一九六〇年代後半から一九七〇年代後半を見ると、二〇歳代前半の初婚確率が下がり、かわりに二〇歳代後半の確率が上がっている。このことから、結婚タイミングの先送り、すなわち晩婚化が生じたことがうかがわれる。その後、二〇歳代全体の初婚確率が下がるが、三〇歳代の初婚確率が若干高くなっているため、やはり晩婚化が見てとれる。しかし一九九〇年代の後半からはすべての年齢区間で初婚確率が下落しており、ここから晩婚化ではなく非婚化が始まったと思われる。

男性（右のグラフ）については一九七〇年代の後半からいきなり（結婚の先送りではなく非婚化が生じたことがわかる。もともと男性は女性よりも結婚が遅かったため、結婚タイミングの遅れがそのまま非婚化につながりやすかったのではないかと考えられる。

ところで、男女の初婚確率は必ずしも同じように推移するわけではない。出生性比の歪み（いわゆる男児選好）、戦争、地理的移動などの理由で、同じ地域にいる結婚適齢期にある男女の数が一致しないことも多い。また、年上男性と年下女性の結婚が一般的である場合、ベビーブーム期に生まれた女性は年上の男性の数が相対的に少ないため、結婚難になる。逆に出生率低下の局面で生まれた女性は、年上の男性が相対的に多いので、結婚確率が高くなる。もっともこのような傾向は、多くの女性が年上の男性と結婚する場合にのみ見られ、ベビーブーム期生まれの女性が同年代の男性と結婚すれば、このような人口のアンバランスからくる結婚難は生じない。

**「両立困難・機会費用」説は考えにくい**

では、このような未婚化は、図2-2のなかで示されたどのルートによって生じたのだろうか。

その原因を厳密に確定させたい場合、たとえば以下のようなデータがあるとよい。一九七〇年代から定期的に、一八歳から四〇歳までの独身の男女を対象に、なぜ結婚しなかったのかを尋ねるのである。それにより「せっかく身につけた知識やスキルを活かして仕事を続けたいが、結婚・出産するとそれが難しいので結婚したくない」と考える女性が増えたことがわかれば、ルートAの未婚化が生じたことになる。しかし残念ながら、このようなデータは存在しない。

ただ、一九九〇年頃から国立社会保障・人口問題研究所が「出生動向基本調査：独身者調査」において、独身者を対象に「結婚しない理由」を聴取している。これは、一九七〇年代や八〇年代前半までは遡れないが、比較的長いスパンで独身者を対象に結婚関連の意識を尋ねた貴重なデータである。

このデータによれば、一九八七年から二〇一〇年まで、男女とも結婚意欲は高い水準を維持しており、それほど衰えていない。それでも「結婚できない理由」としては、二五歳から三四歳までの男女とも約半数が「適当な相手とめぐり会わない」ことを挙げており、この割合にも大きな変化がない。これに対して、「結婚しない理由」として「仕事にうちこみたい」と回答した独身者は男女ともずっと二割に届かない。

したがって、「身につけたスキルを活かしたいから結婚を先延ばしする／しない」と考えている女性は少なくとも一九八〇年代後半以降については少数派で、「両立困難」を理由とした独身継続は決して多くはなかった。これは、ルートAがあてはまりにくいということを示唆している。それ以前についてこのデータからはわからないが、統計数理研究所の「日本人の国民性調査」によれば、「もし、一生楽に生活できるだけのお金がたまったとしたら、あなたはずっと働きますか、それとも働くのをやめますか？」という質問に対して「働くのをやめる」と回答した女性の割合は（大卒女性が増加したにもかかわらず）一九七〇年から減っておらず、どちらかといえばゆるやかに増加している。身につけた知識や技能を仕事で活かし続けたい（が結婚・出産したらそれが難しくなる）と考える人が増えたから未婚化した、という考え方は、あまり説得力を持たないといえる。

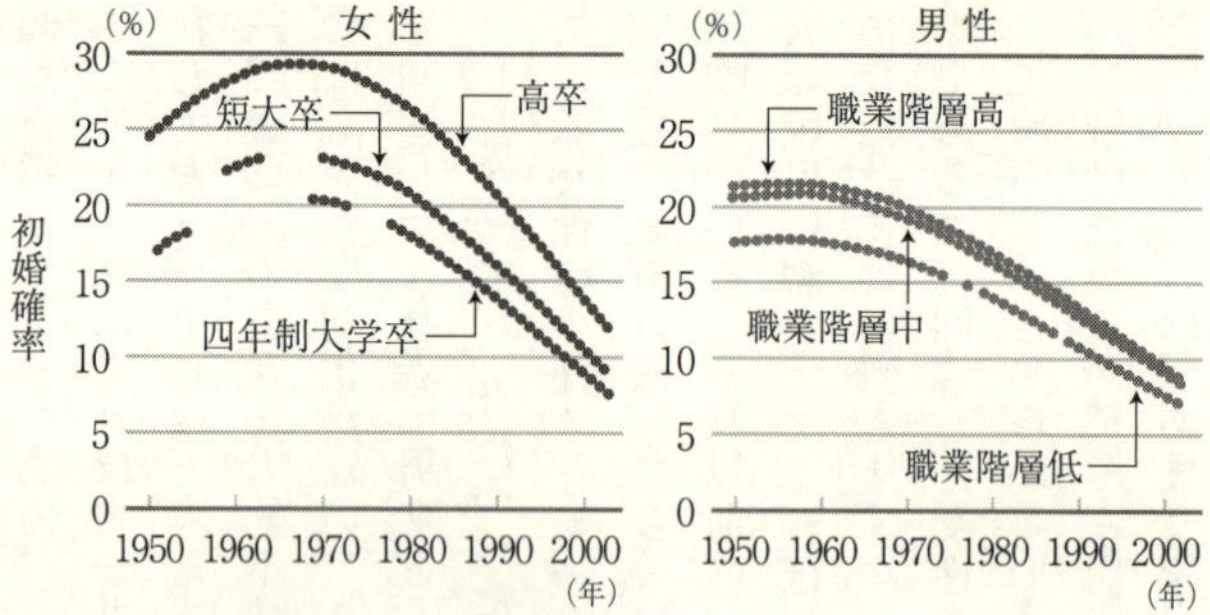


図2-4　男女別初婚確率の推定値（データ：JGSSより筆者推定・作成）

## 女性の高学歴化の影響

「両立困難・機会費用」説ではないとすれば、未婚化を引き起こした直接の要因は希望と現実のギャップの広がり、つまりルートBあるいはCということになる。このことを直接に検証するための長期データはやはり存在しないが、間接的な証拠はある。前出のJGSSのデータを用いて、女性の学歴別、男性の初職階層別の初婚確率を見てみよう。図2-4は、男女それぞれの初婚確率を推定した結果である。

　ここからまずわかることは、一九七〇年代以降の未婚化は女性の学歴、男性の初職のどのレベルにおいても進んでいることである。学卒後に大企業に就職して将来の生活の安定が保証されるような男性（専門職など職業階層が高いとされる男性）でも、初職が中小企業勤務（職業階層が中とされる）だったり、非正規雇用であるような男性（職業階層が低いとされる）と同じく未婚化してきたのである。女性の学歴についても同じことがいえる。

時代による変化の大きさは、女性の学歴や男性の初職の効果よりも大きい。高卒女性の初婚確率が一九七〇年代の大卒女性の初婚確率のレベルまで落ち込むのは一九九〇年前後で、以降はそれよりも低くなる。男性についても同じで、一九七〇年代の職業階層低の男性の初婚確率にまで職業階層高の男性が落ちてくるのが、一九八〇年代後半くらいである。

すべての階層、つまり結婚で有利なはずの職業階層が高い男性も、経済的に自立することが難しいため「高望み」しないであろう高卒の女性も同様に初婚確率が下がっていることから、どのようなことが読み取れるだろうか。「適当な相手とめぐり会うまでは無理して結婚しなくてもよい」という考え方が全般的に増えてきたと考えられそうだが、データ不足のためはっきりしたことはわからない。

さらに女性については学歴ごと、男性については初職の職業階層ごとの違いを見てみよう。四年制大学卒や短大卒の女性は高卒に比べてかなり初婚確率が低い状態が続いたが、その差は二〇〇〇年代になると小さくなる。男性は女性よりも早く未婚化が生じたが、職業階層ごとの差は女性の学歴ほどは大きくない。このことから、女性の高学歴化に起因する未婚化が（少なくとも一九九〇年代までは）見られたこと、その効果は男性の職業階層の効果よりも大きかったことがわかる。

ここから、結婚に関する希望と現実のギャップの広がりについて、女性の高学歴化の影響が大きいことが示唆される。繰り返しになるが、女性の高学歴化が未婚化を引き起こすメカニズムは二つある。一つは「せっかく身につけたスキルを活かしたい」から結婚を避ける女性が増えた場合（ルートA）、もう一つは「経済的に自立したため、満足のいかない結婚なら先送りできる」と考える女性が増えた場合（ルートB）である。このうちすでに述べた理由からAは考えにくいため、おそらくBがよりよくあてはまると考えられる。

## 低成長の影響

以上から、一九九〇年代の前半までの未婚化に限っていえば、「両立困難・機会費用」説として極めて広く受容されているルートAは、未婚化の主要な要因ではないと考えることができるだろう。

それでも両立困難による未婚化という説に極めて多くの支持者がいる理由は、日本についていえば「高学歴女性のほうが初婚が遅い」という強固な事実が一九七〇年代以降観察されてきたことであろう。しかし女性の高学歴化・労働力参加の増加が、希望と現実のギャップの拡大を経由して未婚化に結びついているのか（「希望水準」説）、それともスキルを活かしてもっと活躍したいから結婚を先延ばししている女性が増えたからなのか（「両立困難・機会費用」説）、曖昧なままだった。それにもかかわらず、「技能を活かしたい」と考える女性の両立困難が未婚化・少子化を引き起こしたというのは、オーソドックスな見解となっていたのだ。

このような理解に対して真正面から異議を唱えたのが、山田昌弘と加藤彰彦である。山田（2007）は希望と現実とのギャップの拡大こそが一九七〇年代からの未婚化の背景にあると主張し、その拡大は主に男性側の要因によって引き起こされたとしている。その際に証拠として提示するのが、オイル・ショック後の実質年間収入の上昇率の低下である。加藤（2011）も山田と同じく未婚化が男性主導で生じたと論じる。これらはルートC（男性の所得見込みの下落による希望と現実のギャップの拡大）での未婚化を主張する議論である。

たしかに一九七〇年代といえば一九七一年のニクソン・ショック、一九七三年のオイル・ショックなど、外的要因によって日本の経済成長のスピードが落ち、高度経済成長が終了した時代だった。これに応じて、男性の所得上昇の見込みも低くなった。しかし、それでも日本の失業率は一九九〇年代の前半までは三％以下という極めて低い水準であり、かつヨーロッパと違って若年層において特に失業率が高かったわけではない。労働法研究者の濱口桂一郎（2014）が指摘するように、オイル・ショック以降の日本の失業問題はもっぱら中高年の問題であって、一九九〇年代後半までは若年層の問題ではなかったのである。したがって、すでに見てきたように、一九七〇年代から始まる未婚化において、女性側の要因の影響、特にルートB（女性の経済的自立を通じた希望水準の上昇）は無視できないと思われる。

## 一九九五年の「転換」

以上から私は、一九七〇年代からの少子化・未婚化の要因については、おそらく女性の高学歴化・労働力参加の増加による希望水準の上昇（ルートB）であると考えているが、経済成長鈍化による男性所得上昇率低下による現実水準の低下（ルートC）も積極的に否定できるわけではない。のちに述べるように、ここ二〇年ほどは男性雇用の不安定化が希望と現実のギャップを拡大させている可能性もある。この問題はデータ不足のため、決着をつけるのは難しい。ただ、このことに決着をつけなくても大きな問題はないとも思っている。というのは、どちらが原因であるとしても、より重要な問題は「どう対処したらよかったのか」、つまりDなのかEなのかという別の次元にあるからだ。

もし多くの女性が結婚生活の水準を上げるために（繰り返すが、スキルを活かすためではない）共働きを考えており、しかし両立環境が整っていないために結婚後の生活の見通しが立てられず、そのために結婚を先延ばしにしてきたとすれば、ルートDがあてはまる。他方で、もし多くの女性が共働きという解決法を望んでおらず、あくまで安定した所得を持つ男性との結婚を望んでおり、しかしそういった男性が少なくなったので結婚を先延ばしにしてきたとすれば、ルートEがあてはまる。

この二つに決着をつけることも、データ不足のためになかなか難しい。しかしヒントはある。先ほども触れた「出生動向基本調査：独身者調査」では、女性に対して「理想のライフコース」と「予定の（実際になりそうな）ライフコース」の二つを尋ねている。そこでは、「予定」のライフコースとして「専業主婦」を選んだ人が一九八〇年代後半から一貫して減少している。しかし他方で「理想」のライフコースとして「専業主婦」を選んだ人は一九九五年以降は減っておらず、むしろ少しだけ上昇している。つまり、少なくとも一九九五年以降の女性のなかには「専業主婦も悪くないが、実際には無理だろう（結婚しても何らかのかたちで働くだろう）」と考えている人がある程度いることがうかがえる。かわりに一九九〇年代後半から「予定」ライフコースとして顕著に増えているのが「両立」である。また、「予定」として「非婚就業」を選ぶ女性も一九九〇年代後半から急激に増えている。

ここから、次のようなことが推察される。一九九〇年代半ばを境として、男女双方に共働きを通じて経済的に維持可能な結婚生活をなんとか成り立たせようとする動きが出てきたこと。また、結婚しても働き続けなければ家計を維持できないのでは、と考える女性が増えてきたこと。他方で「結婚はしたいが現実には無理で、独身のまま働き続けるのだろう」と考える女性も増えてきたこと、などである。

データが不足しているために仮説に留まるが、本章のさしあたりの結論は以下のとおりである。すでに述べたように、一九七〇年代以降の未婚化を引き起こした直接の原因は、身につけたスキルを活かすために両立を望む女性が増えたことというよりも、主に高学歴女性が経済的に自立し、結婚のハードルを上げたことにある。つまりルートAではなくBである。ただし、一九九五年以降はC（男性所得の不安定化による希望と現実のギャップの拡大）もあてはまる可能性がある。

次に、希望と現実とのギャップを埋める手段として何が想定されていたかだが、これについてもデータがないためにはっきりとした結論がでない。とはいえ、少なくとも一九九〇年代後半以降については、結婚生活をそれなりの水準にするためには結婚しても働く必要があるという意識が女性側に目立ちはじめている。これはルートDを示唆する。

「出生動向基本調査：独身者調査」では、実は男性についても、結婚しても働いてくれる女性を求める人が増えていることがわかる。おそらくバブル崩壊とデフレによる不況の影響でいよいよ若年男性の雇用が急激に不安定化するなか、男性側でも相手の女性の所得に期待する意識が生じはじめたのである。

このように女性の労働を「結婚生活を妨げるもの」ではなく「結婚生活を成り立たしめるもの」として捉えるようになるという転換は、他の国も一定の時期に経験してきたものだと私は考える。このような状態になると、女性の就労は結婚を遅らせ出生率を下げるというよりも、むしろ結婚に必要な要素として考えられるようになる。

以上のことを理解してもらうために、以下の節では他国における女性労働力参加率と出生率の関係について見ることにしよう。

## 3　女性労働力参加率と出生率の関係

### マイナス効果の強い国、弱い国

これまで日本について見てきたが、国際比較の観点からの少子化の有力な仮説は、女性の雇用率や所得水準の上昇が出産・子育てのコスト（機会費用）を高めたというものである。さらに、女性が働くようになったことは未婚化のみならず、カップルの出生率の低下を通じて少子化を引き起こしてきた、とする。この説は日本でも一般に広がっているので、「女性が働いているから子どもが生まれなくなったのだ（だから女性は家庭に戻るべきだ）」というような主張をする政治家もいる。

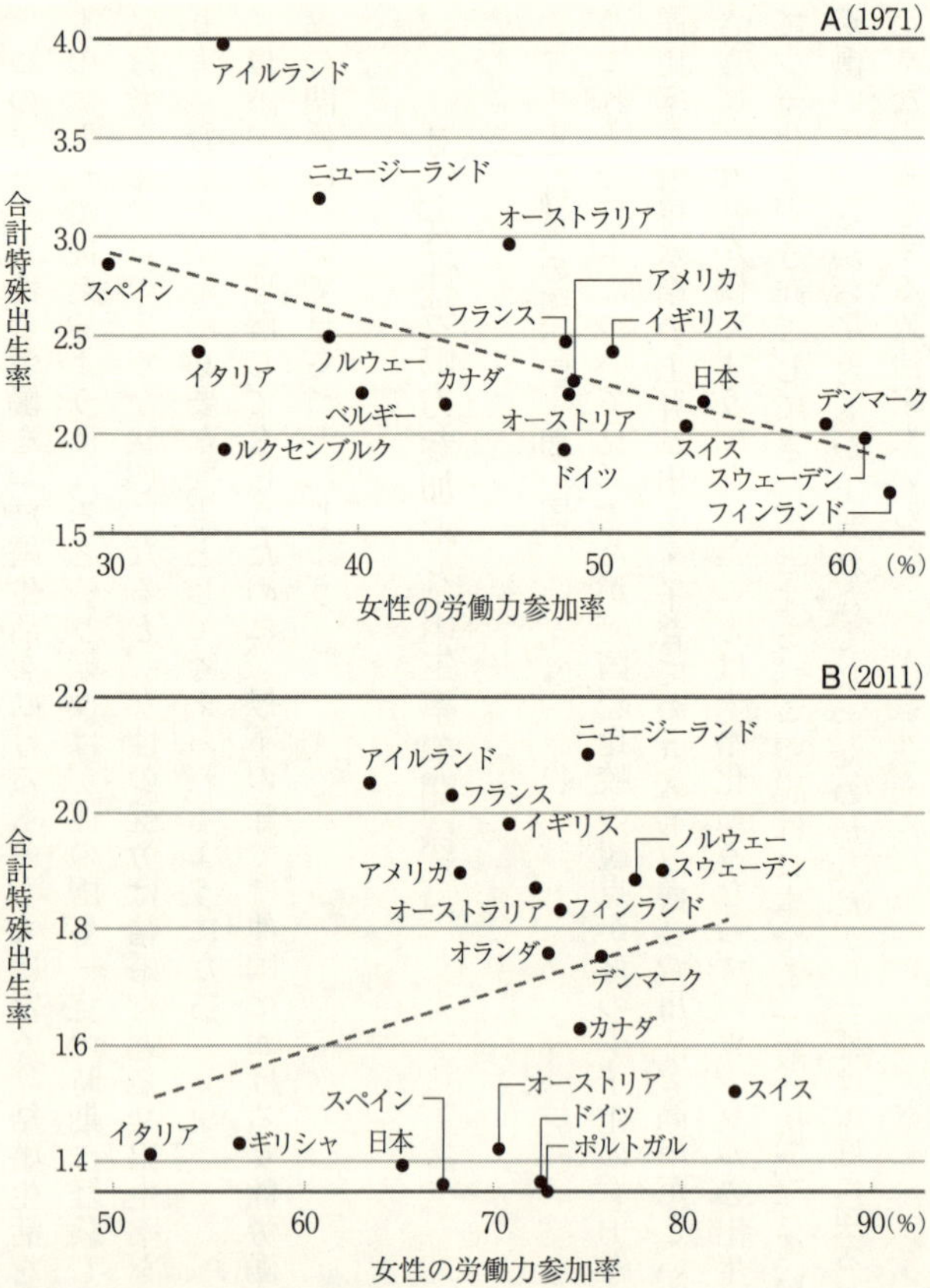


**図 2-5　女性労働力参加率と合計特殊出生率**（A：1971年とB：2011年。ただし 1971年のドイツは西ドイツ。ニュージーランドは 1973年に加盟。データ：CWSより筆者作成）

このパターンは日本にはおそらくあてはまらないが、女性の高学歴化自体、そして一九九〇年代後半からは「共働き」社会が思うように実現できていないことが未婚化を引き起こしてきたという点では、女性の労働力参加と少子化の関係は日本でも重要な論点である。そこで、女性の労働力参加と出生力の関係についてあらためて詳しく検証してみることにしよう。前章の図1-4では二〇一二年という比較的新しいデータを使って女性労働力参加率と出生率の関係をグラフ化したが、もっと長いスパンで見るとどうだろうか。

図2-5のグラフAは、一九七一年時点でのOECD加盟国（ただしデータが入手できた国のみ）の合計特殊出生率と女性労働力参加率の関係を示している。グラフBはそのちょうど四〇年後、二〇一一年でのデータである。一九七一年時点ではマイナスであった女性労働力参加率と合計特殊出生率の関係が、二〇一一年ではプラスに変わったことがわかる（よく見ると両グラフの軸の数値が異なっているのだが、これについてはあとで説明する）。

二〇〇〇年前後から、日本でも「女性が活躍している国のほうが出生率が高いのだ（だから女性がもっと働く環境をつくるべきだ）」という声が聞かれるようになった。少子化に関して、「（少子化を食い止めるために）女性は家庭に戻るべきだ」という主張と、「いや、（出生率を上げるために）女性はもっと働くべきだ」という主張が対立するという一見奇妙な事態が生まれたのは、以上のような女性労働力参加率と出生率の関係の変化があったからである。

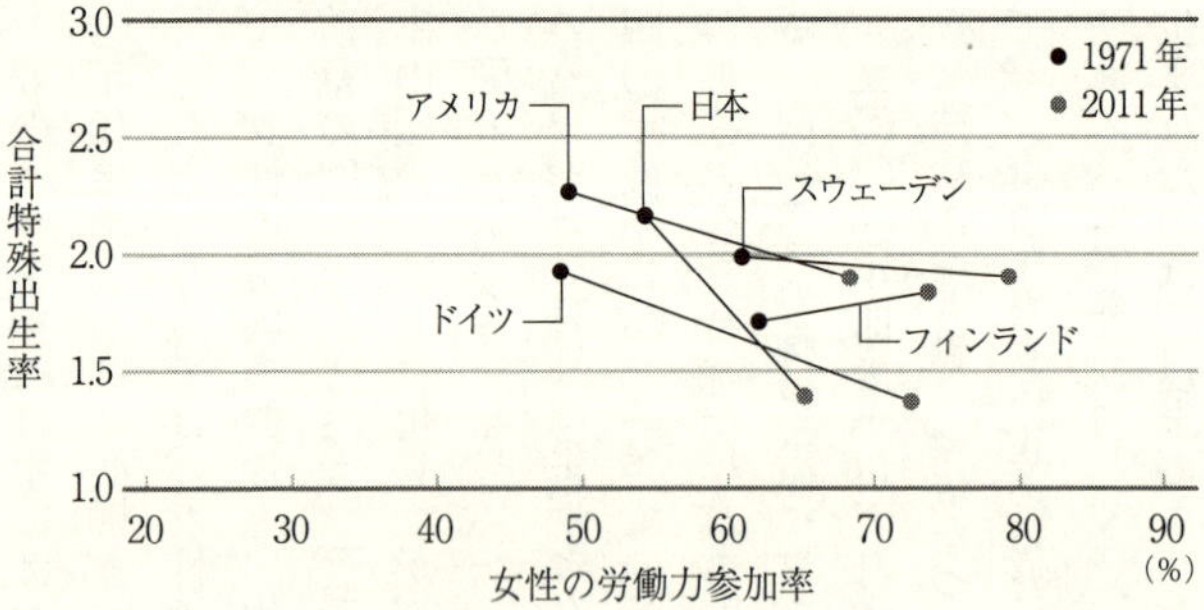


**図2-6　女性労働力参加率と合計特殊出生率の推移**（国の中での変化。データ：CWSより筆者作成）

しかしながら、実は「女性労働力参加と出生力の関係が変化した」と単純に判断することはできない。図2-5のグラフでは、軸の数値が異なっていた。そこで図2-6では、一つにまとめてある。この図は、国を絞ったうえで一九七一年の点と二〇一一年の点を結んだものである。こうするとはっきりするが、各国で女性の労働力参加が進むと出生率が下がったことがわかる（図から省いた国を含め、唯一の例外はフィンランドである）。

なぜ個々の国では女性の労働力参加と出生力はマイナスの関係なのに、図2-5のグラフAとBのような変化が表れるのだろうか。そのヒントは、図2-6で示された各国の動きに、落ち込み（直線の傾き）がゆるやかなところと、そうでないところがある、という点にある。国によって女性の労働力参加が持つ出生力のマイナス効果が弱いところと強いところがある、ということだ。ドイツ、日本は、女性の労働力参加のマイナス効果をアメリカやスウェーデンほどには中和することができなかったのである。

山口一男（2009）は、ＯＥＣＤ諸国の女性労働力参加率と出生率の関係を統計学的に分析することで、柔軟な働き方を可能にする雇用制度（「職場と労働市場の柔軟性」）と、保育制度・育児休業制度などの「育児と仕事の両立度」を上げる制度が、出産による就業の中断に対するマイナス効果を和らげてきた、と結論づけている。特に大きな効果が見られたのは、「職場と労働市場の柔軟性」であった。

ここまで読んできて、次のような意見を持つ人もいるかもしれない。依然として女性の労働力参加と出生力がマイナスの関係にあり、両立支援制度や雇用の柔軟性はせいぜいそのマイナス効果を中和するのにすぎないとすれば、「わざわざコストのかかる両立支援などせずに、従来の男性稼ぎ手家庭に戻せばよいのだ」、つまり「女性は家庭に戻るべきだ」という考え方である。しかしこの考え方には、以下のような問題がある。一つは、女性が仕事をすることを望んでいる場合、その可能性を狭めるような制度設計をすることが先進国にふさわしい方向性か、ということだ。女性が高等教育を受ける権利を制限することは難しいだろう。そうであるならば、女性がそこで身につけた知識や技能を活かして働くのを妨げることは、かなりの社会的損失（無駄）になる。

ともあれ、国別のデータを見るような場合、一時点の様子を切り取って関係を読み取ろうとすると、間違った結論を得ることが多い。時間的に長いスパンのデータを使って、個々の国がどういった変化を経験してきたのかを見ていく必要があるのだ。

### スウェーデンの「転換」

ここまで、女性の労働力参加は出生力に対して基本的にネガティブな効果を持つことを確認した。同時に、そのマイナス影響を中和する制度が鍵を握ることもわかった。

すでに見てきたように、少なくとも日本においては、女性が働くことが未婚化につながるメカニズムは「両立困難・機会費用」説というよりも、「希望水準」(希望と現実のギャップ)説の方がもっともらしい。他の国については「両立困難・機会費用」説(ただし日本と異なり、女性の雇用がカップル出生率の低下を引きおこした、とする)が有力とされることが多いが、決着がついているわけではない。とはいえ、近年は少子化をめぐる議論の焦点がもはや「両立困難・機会費用か、希望水準か」とは別の場所に移ってしまったことを示すデータがある。

簡単にいえば、少なくともアメリカとスウェーデンについて、ある時点から女性が働くことが出生率にプラスの効果を持つようになったのである。このプラスの効果は一定の条件(女性にとっての仕事と家庭の両立可能性が高まること)のもとでしか発現せず、日本ではそれがつい最近まで現れなかったのである。先ほどの図2-5と図2-6では見えてこなかったこ

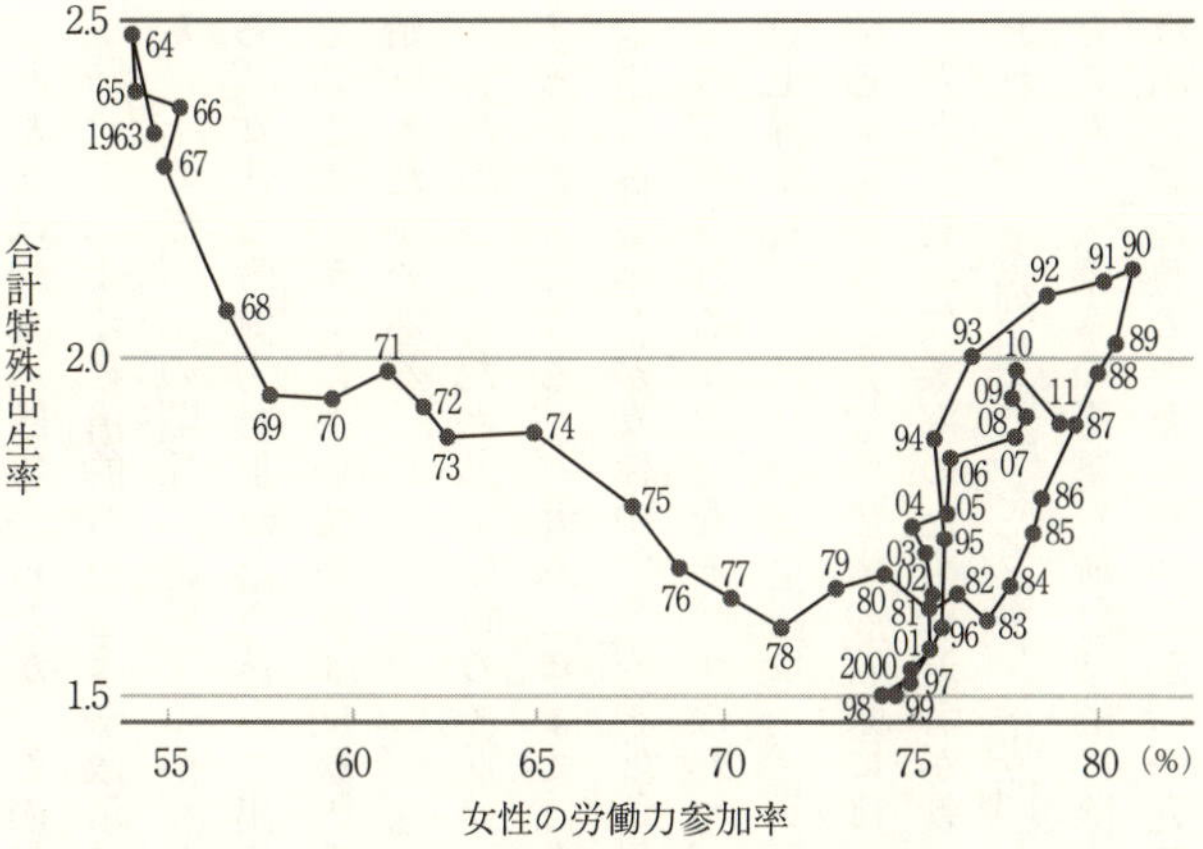


**図2-7　スウェーデンにおける女性労働力参加率と合計特殊出生率の推移**（データ：CWSより筆者作成）

の逆転はどのように起きているのか。スウェーデンとアメリカのデータを詳しく見てみよう。

まずは図2-7を見てほしい。これはスウェーデンにおける女性労働力参加率と出生率の関係を、データが入手可能な一九六三年から二〇一一年まで示したグラフである。これを見ると、女性の労働力参加と出生率の関係は時期によって異なった様相を見せていることがわかる。一九八四年より前は負の関係、あるいはフラットな関係であったのが、一九八四年以降は正の関係に変質している。この動きは、スウェーデンでの景気や失業率の変化を勘案するとある程度整合的に説明できる。

はじめて一定期間継続する正の動き（女性労働力参加が進み、かつ出生率が上昇）が観察されたのは一九八四年からだが、この年はスウェーデンが一九七〇年代から続いたオイル・ショックによる経済的苦境を金融政策でなんとか乗り切り、失業率の低下が始まった年である。その後、正の関係が継続するが、ただし一九九一年以降はその向きが逆になる。すなわち、女性の労働力参加が落ち込み、出生率も減少している。一九九一年というのは、ちょうどスウェーデンにおいてバブル崩壊とそれに続く金融危機のあおりで急激な失業率の悪化が始まった年である。

したがって一九六〇年以降のスウェーデンでの出生率の変動については、次のように説明することができる。一九八三年までは女性の労働力参加が出生率の低下を引き起こしてきた（あるいは少子化が女性の労働力参加を可能にしてきた）。しかし一九八四年以降は出生率は景気に左右されるようになる。すなわち、景気がよくなると女性の雇用が増え、かつ出生率も急上昇する（一九八〇年代の後半）。景気が悪くなると女性の雇用が減り、かつ出生率も低下する（一九九〇年代）。後者の背景には、税収の悪化のため、公的に雇用される女性が減ったことと、高い失業率のために若者が就学延長や復学して結婚を先延ばししたことがあると思われる。「系列相関」を考慮した専門的な統計分析（プレイス・ウィンステン法）で推定したところ、失業率の影響を統計学的に除去した場合でも一九八三年以前には女性労働力参加率は出生率に負の影響を持ったが、一九八四年以降は正に変化していた。

（注）経済成長率、所得の推移、失業率、大卒進学率、未婚率の推移、見合い婚の減少などのいわゆる時系列（トレンド）変数については、ある時点での状態が慣性的にそれ以降の状態に影響するという「系列相関」が見られることがほとんどであり、全く関連しない二つの変動が強い相関を示すことが多い。たとえば日本において、一九六〇年から二〇〇五年までの合計特殊出生率については、名目賃金上昇率との相関係数が〇・九六、見合い婚比率との相関係数が〇・九二と、いずれも高い数値になる。しかし、そもそも賃金上昇率も見合い婚比率も「年数（一九六〇、一九六一……）」という中立の数値と〇・九七以上の高い相関を示すことからわかるように、一定の割合で下落しているものである。したがって、何も工夫しないでそのまま分析に投入しても効果が識別できないし、本来は別の要因の効果であるのにあたかもその要因の効果であると誤認してしまうことも多くなる。

他方で二〇〇〇年以降の出生率の上昇は、失業率だけでは整合的に説明できない。二〇〇二年から二〇〇五年までは失業率は増加し、女性労働力参加率が横ばいであったが、その間出生率は増加している。これは、長く続いた一九九〇年代の不況のもとで産み控えをしていた人々が子どもをつくりはじめた、という事情もありそうだが、このデータから原因を読み取ることはできない。

### 家族支援と両立支援の影響

スウェーデンの出生率に景気が影響するようになったことがわかったが、高福祉国家ならではの充実した公的な家族・両立支援制度の効果についてはどうだろうか。

ここで家族・両立支援制度について検討する前に、遅ればせながらこれらの支援の中身について簡潔に説明しておこう。「家族・両立」というふうにわざわざ点で区切るのは、家族支援と両立支援とでは制度の趣旨が若干異なるからである。家族支援制度の代表は児童手当である。児童手当は、子どもへの社会的投資による機会平等や出生促進という趣旨でなされる支援である。子どもを持つ女性が働くことについては特にプラスの効果を持たず、むしろ児童手当があまりに手厚いと、女性の就労を抑制してしまうことも考えられる。

両立支援には、主に育児休業制度と休業期間中の所得保障制度、そして保育サービスがある。育児期の女性就労にとって最もポジティブな効果を持つのは、保育サービスだ。なぜなら、充実した保育サービスがあれば、出産前後に最低限の中断で仕事に復帰できるからである。次にくるのが所得保障のある育児休業制度で、復職しさえすれば休業期間中もある程度の給与が与えられるため、就業を中断する動機が極めて小さくなる。最後に所得保障のない育児休業制度（フランスなどが実施）で、こちらは復職が保障されるという意味では就業中断を抑制する効果を持つが、前の二つの支援に比べると弱い。

スウェーデンに話を戻そう。スウェーデンでは戦後すぐに家族支援制度（児童手当）が開始されたが、育児休業期間中の所得保障（「親保険」と呼ばれる）を含む手厚い両立支援が本格化したのは一九七四年からであった。しかし一九七五年から七八年まで出生率は大幅に低下しており、少なくともその効果はわかりやすい結果としては観察されない。一九八一年と八六年にもそれぞれ所得保障が拡充されたが、少なくとも八一年については出生率に変化は出ていない。

これはどういうことだろうか。山口（2009）が指摘するように、両立支援制度が女性労働力参加の負の効果を中和したのだとすれば、一連の両立支援制度は直接的に出生率の上昇をもたらしたのではなく、間接的に、かつ徐々にその効果を発揮してきた、と見るべきだろう。では、一九八四年以降に現れた女性の労働力参加率と出生率の正の関係はどのように解釈することができるだろうか。

## チャンスを逃した日本

すぐに答えを導く前に、いったんスウェーデンから目を離してアメリカとドイツ、日本について同様に女性労働力参加率と出生率の関係を見てみよう。実はスウェーデンとほぼ同じ

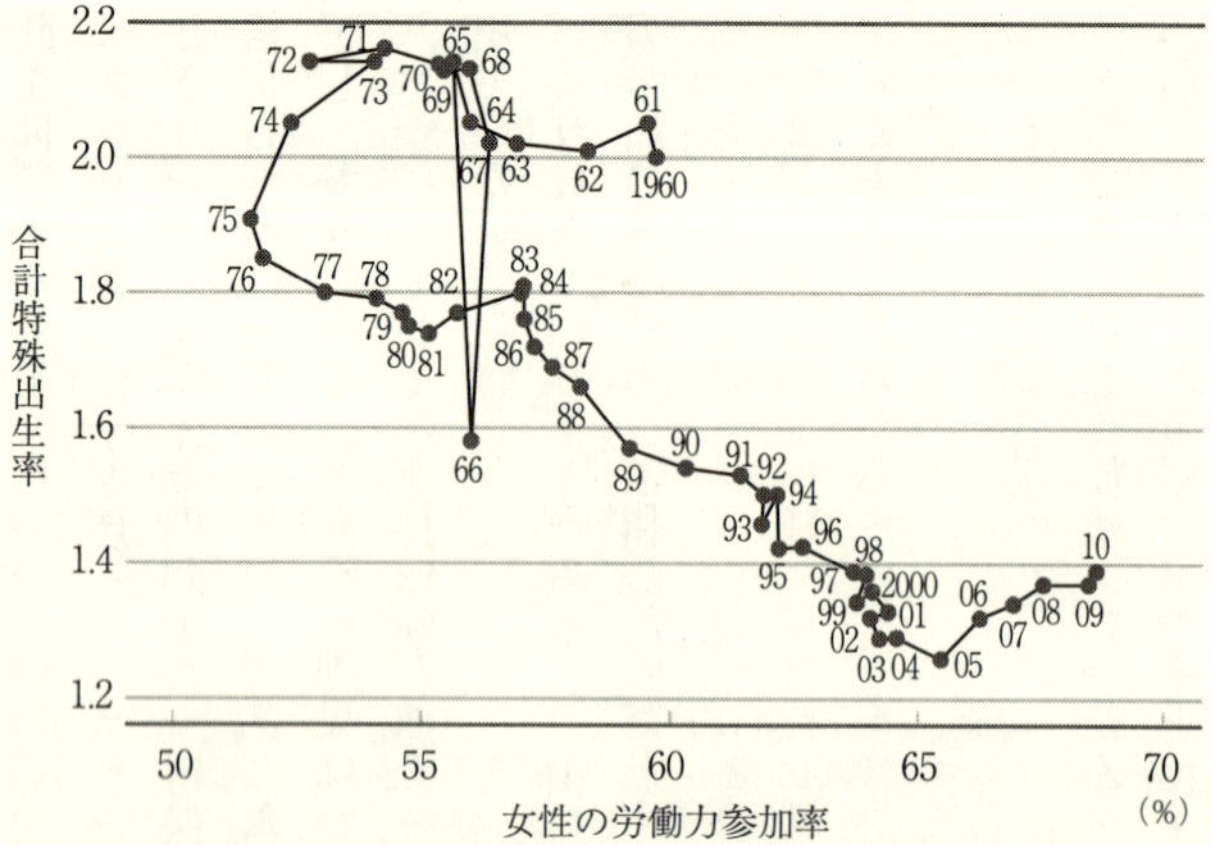


**図2-8　日本における女性労働力参加率と合計特殊出生率の推移**
（データ：CWSより筆者作成）

ような動きが、アメリカについてもいえる。アメリカの場合、一九七六年以前は女性労働力参加は出生率に負の効果を持ち、一九七七年以降は正に変化した（先ほどと同じ統計分析を行ってもこのことが確認できた）。

他方でドイツと日本は様子が異なる。ドイツでは、一九七八年までの出生率の急激な低下は女性労働力参加率の上昇で部分的に説明可能である。それ以降、女性の労働力参加率が上昇するなかで出生率はほぼ一定（一・四弱）のまま、目立った回復を見せていない。

日本は図2-8にあるように、二〇〇五年までは女性労働力参加率と出生率は負の関係にあり、二〇〇六年以降ようやく正に転じた。二〇〇五年までの負の関係については、ルートAの「両立困難・機会費用」説かルートB

の「希望水準」説によって説明できる（ただし本書ではルートB→Dが有力だという立場をとる）。女性労働力参加率の上昇は、結婚・出産を先延ばししてフルタイムで働く独身女性が増えたことと、男性の所得上昇の低迷により、いわゆる「主婦パート」が増えたことによると思われる。

以上のような分析の結果を踏まえ、ここでは次のような仮説を提起しておきたい。

雇用労働に従事する女性が増えるにつれて、どの国でも出生率が下がることになった。しかし女性の労働力参加が出生率へ与える負の影響は、アメリカやスウェーデンといった少子化を克服した国においては、ある時点から中和されるようになった。おそらく、スウェーデンでは、長期的には公的両立支援制度の影響、アメリカでは民間企業主導の柔軟な働き方の影響で、女性が賃労働と子育てを両立しやすくなったからだと思われる。その後、女性の労働力参加と出生率との関係はいよいよ反転し、女性が働くことは出生率に正の効果を持つようになる。これは不況あるいは経済成長の鈍化のなかで若年者の雇用が不安定化し、それへの対応として男女がカップルを形成し、共働きによって生計を維持するというケースが増えたからである。個々の雇用が不安定化しても、二人いれば家族としてやっていける、という考え方だ。こうして共働きが合理的戦略となり、さらに仕事と子育てを両立しやすい環境が整っていれば、女性が働くことは出生率に正の効果を持つ。この転換の背景には、スウェーデンでは女性が公的セクターに大量雇用されたこと、アメリカでは民間セクターで女性がますます活躍するようになったことがある。女性が結婚・出産後も長期に働くことができる素地があれば、経済の不調による男性雇用の不安定化に際して「共働きカップルを形成する」という選択肢が合理的となる。そのことが女性の労働力参加と出生率のプラスの関係を生み出した。

ここで重要なのは、希望と現実のギャップ、あるいは家計維持のために「共働き戦略」が有効であるには、女性がそれなりに高い賃金で長く仕事を続けられる、あるいは労働市場が柔軟で、女性が出産を機に一度仕事を辞めても、ある程度条件のよい仕事に復帰できる、という見込みがなければならない、ということである（前田 2004）。日本では一九九五年以降、男性正社員の賃金が伸び悩むなかで、男性正社員とパート労働をするその妻という世帯でも満足のいく生活ができないケースが増えている（竹信 2013）。現状では、子育て後にパートとして再就労するのでは問題解決にならないことを多くの人が悟っているからこそ、日本では未婚化が進んでいるのだ。

ドイツでは、女性労働力参加の負の影響は一九八〇年代には中和されたが、長引く不況による男性雇用の不安定化と（それにもかかわらず）持続する性別分業体制の影響で、出生率が伸び悩んでいると思われる。また、ここで触れていないがイタリアやスペインといった南欧諸国では、高い失業率を背景に、女性が（出産等で）一度労働市場から退出してしまうと次によい仕事を見つけられる確率が低くなることが低出生率を招いた、という研究もある（Adserà 2004）。

日本のように女性の長期雇用の見込みが長らく得られなかった国では、「私もあなた（夫）もあまり稼ぎがないから、一緒に頑張りましょう」と考えることができる女性は少なく、むしろ安定した所得を持つ男性が見つかるまで結婚を延期して両親と同居するという戦略をとるだろう。一方、すでに見てきたように、一九九〇年代後半からは、結婚後も女性に「両立」を望む男性の割合が急増した。あらためて図2-4を見ると、一九九〇年代において、高卒女性の初婚確率と大卒女性の初婚確率の差が徐々に狭まっていることがわかる。二〇〇二年以降のパネルデータを用いた研究では、高学歴女性、専門職女性、高所得女性の初婚確率がそうではない女性に比べてむしろ高い、という結果が示されている（Fukuda 2009）。徐々に状況は変わりつつあるようだ。それでも一九九五年以降の男性雇用の不安定化のなかで共働き戦略がうまく機能せず、少子化を加速させてしまった。

二〇〇六年以降、出生率は反転し、女性の労働力参加率と出生率の関係は日本でもようやく正に転化した。しかし人口規模が大きかった団塊ジュニア世代はすでに三〇歳代後半に入ってしまっていた。いくら出生率が上昇しても、出産可能性が高い女性の数が減ってしまっていては、生まれてくる子どもの数は増えない。日本の出生「率」の回復は、出生「数」上昇の最後のチャンスを逃してしまったあとだった。

## 有効な少子化対策とは

未婚化や少子化に関する混沌とした議論状況を受け、どのようにすれば出生力が上がるのかについても様々な意見が披露されている。この章を締めくくるにあたり、図2-2に立ち戻りつつ、有効な少子化対策とは何かについての見通しを与えておくことにしよう。

先ほどは出生率を上げるための対策として両立支援と家族支援がある、と述べた。両立支援には、保育サービスや育児休業制度の充実など直接に両立を支援する制度と、女性が働きやすい労働環境への転換（長時間労働の抑制や再就職しやすい環境等）がある。家族支援は主に児童手当である。これらは基本的に夫婦が子どもを持ちやすくすることを念頭に置いた支援である。これに対して直接的に結婚の促進を意図するような措置もありうる。たとえば若年未婚者の雇用支援であり、これには希望と現実とのギャップを埋める作用がある。しかし、もし未婚化がルートAで生じている場合にはこれらは無効になる。いくら安定した稼ぎのある男性が増えても、また家族手当がたくさんもらえても、女性の目的は仕事と家庭の両立にあるからである。つまりルートAで未婚化が生じている場合、育児支援などの両立支援制度が唯一の対策となる。

これに対して、ルートBあるいはC、つまり結婚に際しての希望と現実のギャップによって未婚化が生じている場合には、そのギャップを埋める方策であればいずれも有効になる。安定した稼ぎのある男性が増えること、両立支援によって共働き環境を整備すること、家族手当を増やすこと、いずれも有効だ。主に若年男性の雇用を安定化させ、従来の「男性稼ぎ手モデル」を復活させる方向性にいくのならば、若年者雇用支援などで主に若年男性の雇用を優先的に確保する戦略が有効になる。他方で、「共働き社会」に舵を切るのであれば、両立支援政策や男女均等待遇の推進が有効である。家族手当はどちらの場合にでも有効だ。

では、これらのうちどの方策が優先されるべきなのだろうか。

少なくともここから数十年の日本の課題に、増大する高齢者層の年金や医療費を維持するための労働力不足の問題があることは間違いない。このことを考えると、税と社会保障を支える働き手を男性のみに限る「男性稼ぎ手」社会よりは、女性の労働力を活用できる「共働き」社会のほうが優先されるべき、となるだろう。すでに第1章でも述べたが、低経済成長時代における先進国の戦略には、アメリカや北欧などの労働力を増やす方向性と、ドイツなど大陸ヨーロッパ諸国の労働力を削減する戦略があったことを思い出してほしい。見込まれる深刻な労働力不足を補うには、日本でも労働力を拡大する方向性を追求する必要がある。

そのうえで、出産前後のみを想定した両立支援策だけでは、未婚化・少子化に対してあまり効果がないだろうというのが私の見立てである。松田茂樹（2013）が指摘するように、一九九〇年代の少子化対策といえば、保育・育休などの両立支援、つまり「妻が正社員である共働き夫婦」を対象にした施策で、しかも特に出産前後と乳幼児期を想定した制度であった。しかし萩原久美子（2006）が描き出したように、仕事を続けたい女性にとっての最大の困難は育児休業が終わったあとにやってくる。それは長時間労働など、「主婦のいる男性」に適応した働き方である。そうであるかぎり、いくら育児期を乗り越えられたとしても、女性はそれ以上出世し、家計を実質的に支えるような存在になれない。これでは「共働き社会」はやってこないし、女性の就労がカップル形成を促すような社会にはならない。

では、家族支援制度についてはどうだろうか。

児童手当や教育費補助であれば、妻が働いていてもいなくてももらえるため、若年層が結婚・出産することにプラスのインセンティブを与える。他方で就労していない妻に対する扶養手当であれば、妻の就労に対してディスインセンティブになる。高齢化社会のなかで労働力を増やし、税や社会保障の負担を分散するために女性の労働力参加が必要になると想定すれば、家族支援は子どもに対する支援を優先したほうがよい。

## 日本で同棲を保護しても効果が薄い理由

本章の基本認識は、各国社会はある時点から、女性が安定した雇用労働に従事することがカップリングや出生に対してプラスに作用する段階に突入する、というものであった。数値の上では、アメリカでは一九七〇年代後半、スウェーデンでは一九八〇年代前半であった。日本では二〇〇〇年代になってようやく「共働き社会化」の兆しが見えている。

日本における婚外出生率の低さ、つまり生まれてくる子どものほとんどが法律婚したカップルの子どもであるという事実から、「日本では欧米と違って同棲が少ないから出生力が小さいのだ」という主張もしばしば聞かれる。たしかにフランスやスウェーデンでの婚外出生率は極めて高く、婚内出生率に引けをとらないほどである。ここから、「同棲を保護する法制度をつくればカップル形成をする若者が増えて、出生力も高まるのではないか」という提案が引き出されることになる。

しかし本書のこれまでの論述を考慮すれば、このような主張にはあまり妥当性がない。欧米で(同棲にしろ結婚にしろ)カップル形成戦略が有効であったのは、女性がずっと働くことで、男性の賃金と合わせれば生活して子どもを育てることができる程度の所得を得られるという見込みが出てきたからである。女性が働き続けることができる仕事環境・雇用環境がないままに同棲を保護する制度をつくっても、あまり意味がないだろう。それに同棲の増加の背景には法制度による保護があるだけではない。むしろ若年層の経済的な不安定さの反応として同棲が増え、それを事後的に保護する法制度が要請されたと見るほうが現実に近い。

アメリカとスウェーデンでは、女性が仕事と家庭を両立できる環境があり、かつ男性雇用が不安定化していることが、（同棲を含む）カップリング戦略およびそのなかでの子育てを促し、結果的に少子化が克服されたのであった。日本では一九九五年以降、男性雇用が不安定化したものの、女性にとって仕事と家庭を両立していける見込みが小さいままで、そのことが結婚をせず両親と同居するという選択肢を若者に選ばせた。親と同居していても子どもは生まれないので、少子化が加速することになったのである。

# 第3章　女性の社会進出と「日本的な働き方」

## 1　なぜ女性の労働力参加は進んだか

### 二〇世紀後半の最も革命的な変化

前の章では、真の意味での「共働き社会」化が少子化の根本的な解決だ、ということを論じた。この章では、そのために必要となる女性の労働力参加について論じる。具体的にはまず、先進国において女性の労働力参加がいかにして進んできたのかについて説明し、そのなかでの日本の特徴について述べる。そこからわかるのは、「日本的な働き方」の問題点である。日本における女性の就労は、いわゆる「男性的な働き方」によって阻害されてきた。現状の日本的な働き方を続けていては、女性の労働力参加が他の先進国並みの水準に達することはない。

日本における女性の労働力参加について詳しく見る前に、先進国における女性の労働力参加について広い視野から説明する枠組みを準備しておこう。まずは第1章の冒頭で触れた「固定要因（個体特性）」と「変動要因（変化する特性）」の話を思い出してほしい。特定の国のグループで女性の労働力参加が活発で、別のグループではそうではないという場合、それは時代を通じてあまり変化しない社会の特性、つまり固定要因の影響である可能性がある。しばしば指摘されるのは宗教だ。一般にイスラム諸国は他の宗教圏の国々より女性の労働力参加率が著しく低いし、同じキリスト教圏でもイタリアなどのカソリック地域では、アメリカ、スウェーデンなどのプロテスタント地域よりも女性の労働力参加が活発ではない。ドイツにおいても、キリスト教民主主義が政治において一定の勢力を持っていたことが、女性の労働力参加においてネガティブに影響したという見方がある。

とはいえ、女性の労働力参加については固定要因（各国の差を説明する要因）よりも変動要因（各国内における変化をもたらす要因）に関する研究のほうが圧倒的に多い。二〇世紀後半の先進国が経験した最も革命的な変化のリストに、女性の労働力参加を加える識者もいるほどだ。
それでは、先進国における女性の労働力参加の変動についてはどのような説明がなされているのだろうか。

## 社会構造と社会制度

女性の労働力参加にかぎらず、「社会（国）のすがた」の変化を理解して記述するときには、「社会構造」と「社会制度」という概念を区別しておくことが重要だ。「構造と制度」というと難しく聞こえるが、これは社会学などの学術用語ではなく、私たちが日々新聞などで触れる言葉である。「社会構造」とは、たとえば人口構造や産業構造である。他方、「社会制度」とは、たとえば雇用制度や家族支援制度である。「人口構造」という言葉はよく目にするだろう。たとえば高齢者の比率が高いことは、日本の人口構造の特徴の一つである。しかし私たちは、「人口制度」という言い方はしないはずだ。なぜだろうか。

制度とは、たいていの場合、人々が法律などを通じて公式に、あるいは慣習などの非公式な取り決めを通じて共有される規則を指す。しかし、日本には人口を直接操作するような「制度」は存在しない。子どもを全くもうけなくても、一〇人つくろうとも、その選択によってその人の人生は大きな影響を受けるだろうが、法律による罰則はない（「人口制度」という言葉をウェブ検索すると中国のページがたくさん出てくるが、中国には「一人っ子政策」のように人口を直接的に抑制する制度が存在するからかもしれない)。もちろん政府・国の方針として出生率を上げるという目標を掲げることはありうるが、その場合でも個人の自由を確保したうえで、児童手当などのインセンティブを与えるかたちをとる。なお、政府が制度を創設する際の方針は、「政策」と呼ばれる。

一方の構造とは、制度、あるいはその策定方針である政策によって介入される「状態」を指す。経済構造要因(たとえばグローバル化)によって失業が深刻になれば、雇用制度を改革する政策によって、雇用状況を改善することが目指される。人口構造が過度に高齢化すれば、家族支援制度によってそれに対応しようとする。

ある社会変化は、まさにその変化を引き起こすべくつくられた制度によって、意図どおりにもたらされることもあるだろう。日本の介護保険制度は、人口高齢化や核家族化といった日本社会の構造変化に対応すべく、家族の介護負担を減らすためにつくられた。そして、いくつかの問題を含みながらも、当初の目的をおおむね達成したという評価が多い。

これに対して、制度が意図せざる結果をもたらすこともある。たとえば(これは多分に非公式な制度だが)アジアの家父長制的・性差別的な慣習が、めざましい経済発展の重要な契機だった、と指摘する研究もある(Cheng & Hsiung 1998; Seguino 2000)。そうした慣習ゆえに、軽工業に安価な女性労働力を投入でき、企業が余力をもって技術開発に投資できたことが、台湾などアジア諸国の企業の輸出競争力を高めた、というのである。

他方で社会変化は「構造主導」で引き起こされることもある。たとえば高学歴化（多くの人々が義務教育を終えたあとも高等教育まで教育期間を継続するようになること）は一般に、経済が農業から工業、そしてサービス業に移行し、高い技能を備えた労働力が必要とされるようになるという構造変動に対応して生じる変化である（東アジア諸国のように政府の方針で進められることもある）。

ここで留意すべき点は、制度・政策が社会を変えようとする意図でつくられることが多いのに対して、構造は気づいたらそうなっていたというような、自然発生的な状態である、ということだ。日本人や日本政府は、明確な意図をもって日本の人口構造を高齢化させようとしたわけではない。そんな人はたぶん一人もいないだろう。その時々によかれと考えて行動してきた結果、気がつけば高齢化が世界一進んでいたのである。また、近代化以前の社会では、格差はまさに制度（身分制度）であったが、現在では格差（資源の不均等配分構造）は基本的に意図せざる結果である（筒井 2006）。公費援助が少ない日本の教育制度など、格差維持につながる様々な制度はあるにせよ、それらは直接的に身分を固定させるようなものではない。

また、近現代社会において多大なインパクトを持つ「意図せざる結果」といえば、誰もが経済不況を思い浮かべるであろう。不況は、私たちの国が市場経済という需給調整制度を採用していることの副作用として生じる。第2章で見たように、女性の雇用も経済の好況・不況に大きく左右される。ただ、同じく意図せざる結果であるとはいえ、産業構造や人口構造と同じレベルで経済不況を「構造」とみなすことには無理があるだろう。産業構造や人口構造がたいてい一定方向に不可逆的に変化するのに対して、経済の好況・不況は循環的に発生することが多いからだ。本書では主に産業化や人口構造の変化のインパクトについて言及し、経済の好況・不況の影響については必要に応じて触れるにとどめる。

### U字型仮説

以上の社会変化についての枠組みを女性の労働力参加にあてはめるとどうなるだろうか。

一般的に、女性の労働力参加は制度主導で進められてきた社会変化の典型と考えられがちだ。戦後、ほとんどの先進国で女性の多くが専業主婦となるが、その状態を「女性抑圧」だと感じた人々が「男女平等」の理念のもと、女性も男性と同じように働ける環境を整備することを要求しはじめた。それに対応して雇用差別や賃金差別が法制度によって禁じられてきた結果、今や欧米諸国の一部では女性が男性と肩を並べて仕事をするようになった――こういう見方がしばしばなされる。

しかし、こうした考え方は、実際にはせいぜい一部しか正しくない。つまり、女性の労働力参加は、それを目的につくられた様々な制度（雇用機会均等法や両立支援制度など）があってもたらされたわけではなく、むしろ構造的要因によって引き起こされてきた、というのが専門家の共通理解なのである。

女性の労働力参加を説明する理論のなかでも、専門家に最も広く受け入れられているのが「U字型仮説」である。この仮説は、国が経済的に発展するにつれて女性の労働力参加はいったん下がり、その後再び回復する、という長期変動を予測するものだ。これは日本でも見られた動きで、農業や自営業が国の経済の中心であった時期には、女性は（子育てや家事と仕事を両立しやすいため）活発に労働力参加していたが、第二次産業、特に重化学工業、鉱業、建設業が経済の中心になると主婦化し、その後サービス産業化にともなって市場労働に参画していく、という見方である。

アメリカ、スウェーデン、フランスなど早い段階で工業化を経験した国では、比較的信頼できるデータがそろうようになる二〇世紀半ばよりも前にU字型の底がきている。これに対して日本のほかフィンランド、イタリアでは一九七〇年前後になって女性の労働力参加が底を打ち、そこから再び上昇している（図3－1）。これらの国では、古い経済セクター（農業、

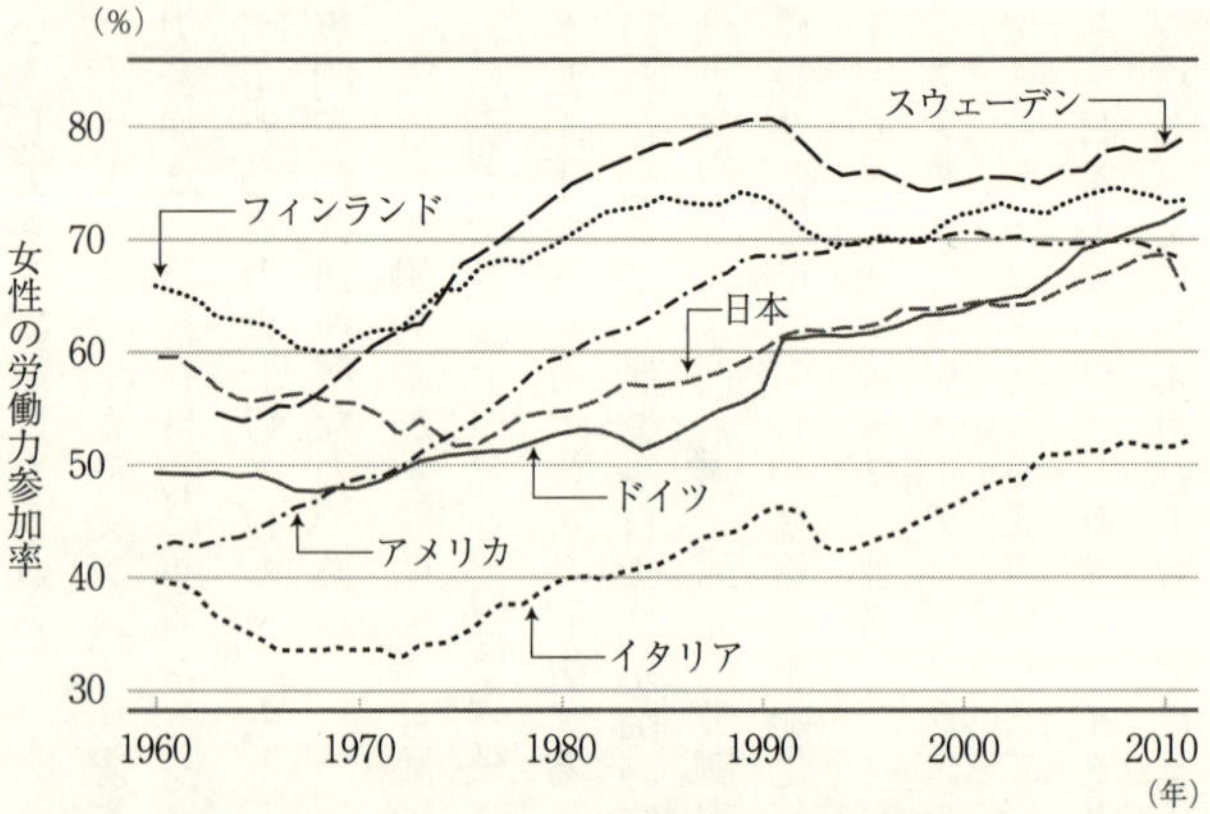


**図3-1　いくつかの国における女性労働力参加率の推移**（データ：CWSより筆者作成）

自営業）と新しい経済セクターが逆転するタイミングが他の欧米諸国に比べて遅かったのである。

いずれにしろ、先進国はいずれ工業化に続くポスト工業化の段階に突入して、工場や建築などのマニュアル労働に比べてオフィスワークや対人サービス職の比率が高まり、女性が市場労働において活躍するようになる。これがおおまかなU字型の説明である。そしてこの理論枠組みでは、制度の要素は登場しない。「男女平等を実現すべく制定された制度のおかげで、女性が賃労働に参加するようになったのだ」というよりは、産業構造の変化が女性をいったんは非労働力化し、その後再び労働力化したのだ、という説明なのである。

## 人口変動の影響

構造の変化が女性の労働力参加を引き起こしたとする理論には、他にも有力なバリエーションがある。その代表が人口変動による説明である。この理論はさらに二つに分かれる。一つは少子化要因の説明で、もう一つは高齢化要因によるものである。

少子化と女性労働力参加の関係については前章で詳しく検討したが、もう一度確認しておこう。子どもが五人も六人もいる場合、いくら両立支援がしっかりしていても、女性が自宅から離れた職場で賃労働をすることはまず無理だろう。これが二人以下になってきたことが、女性が「外」で男性とともに働くことの前提となった。そしてこの人口転換における少子化（この場合は、出生率が人口置換水準まで下がること）は、「少なく産んで大事に育てる」という価値観や教育年数・コストの増大の帰結であるから、両立困難によって引き起こされたわけではない。事実、日本の一九七〇年前後にあった「子ども二人時代」において、多くの女性は専業主婦だった。両立困難などの理由でさらなる少子化が進展するのは、その後の段階である。

もう一つの人口要因は高齢化である。高齢化により長期的なケアを必要とする人々が増え、それが介護労働の需要を高める。そして大量の女性を賃労働に引きこんでいく。たいていの社会では、介護労働は（看護職と同じく）典型的な「女性職」である。すでに第１章で見てきたように、スウェーデンの女性労働者の多くは地方政府に雇用されたケアワーカーだ。

## 産業構造の影響

出生力の低下は労働供給（働き手）側の要因であるが、人口高齢化は労働需要（雇用主）側の要因である。旺盛な労働需要が女性の労働力参加を引き起こしたという例は多い。スウェーデンといえば、女性の労働力参加が戦後の早い時期から活発だった国であるが、その最大の要因は、スウェーデンが第二次世界大戦で被害を被らなかったことにある。スウェーデンは他のヨーロッパ諸国の復興需要を引き受けることで経済を急拡大させ、そのなかで極端な労働力不足を経験する。そこに女性の労働力が活用されたのである。しかし一九六〇年代までのスウェーデンでは、女性が働きやすい環境はあまり整備されておらず、そのせいで出生率が急低下し、また「家庭の危機」が一九七〇年まで続く自殺率の上昇（この時期のスウェーデンの自殺率は日本をゆうに上回っていた）を生み出したといわれる。この意味で、スウェーデンについては少子化が女性の労働力参加を引き起こしたという説明はあてはまりにくいかもしれない。

他方で、東南アジアや一部の東アジア諸国では、農業中心の経済から工業、サービス業を中心とした経済に変化するなかで、女性が（欧米や日本ほど）主婦化しなかった。これは、工業化・脱工業化の到来が極めて急速であったために、多くの女性が農業や家業に従事する段階からそれほどあいだを空けずに軽工業（繊維や精密機器製造）やオフィスワークの労働需要に引きこまれたからである。アジア諸国では子育てにおいて親類ネットワークを利用しやすく、また家父長制的な文化の強い地域では女性の賃金が安く抑えられ、それが国の輸出製品の価格を引き下げ、経済成長をもたらした、という研究もある（Gaddis & Klasen 2014）。

もちろん労働需要があれば必ず女性の労働力参加が増える、というわけではない。アメリカの工業化においては、移民の労働力の存在が欠かせなかった。つまり工業化による労働需要の多くを海外からの移民によって満たしていたのである。これに対して日本の高度経済成長期では、戦後のベビーブームによって農村部に男性の余剰労働力（典型的には次男以下）があり、これが当時の高い労働需要を満たしていた。二〇一三年になって、東日本大震災後の復興需要や公共投資の増加などの影響で労働力不足が生じ、第二次安倍内閣のときにようやく、女性のみならず移民の労働力を活用するための制度改革が本格的に検討されるようになった。

さて、産業構造の変化（サービス労働化）、人口構造の変化（少子高齢化）、そして労働需要など女性の労働力参加を促してきた要因は、いずれも構造的な要因であり、制度要因ではない。そして構造要因による変化はあくまで「意図せざる結果」である。女性の労働力参加を高めるためにサービス産業を拡大させる国はおそらくないだろうし、ましてや女性の雇用を促すために高齢化を進める国などあるはずがない。先進経済国で女性が勝ち取ってきた様々な両立支援制度や働くことに関する権利・条件の整備は、こういった構造変動と絡み合いながら進んできたと見ることができる。つまり、制度の整備によって女性の労働力参加が促された側面もあるだろうが、それ以上に、構造変動によって女性の労働力参加が進んだ結果、それに対応すべく制度の整備が進められてきた側面が強いのだ。

以上を踏まえ、次節から日本のケースについて見ることにしよう。

## 2　日本の女性労働の変化

### 増えたのはパート、アルバイト

まずは日本の女性の就業率の変化を見てみよう。図3-2は、一五歳から六四歳までの人口（生産年齢人口）に占める就業者の割合の変遷を示したものである。男性の就業率が四〇年間にわたって八〇％前後で安定して推移しているのに対して、女性の就業率は一九七〇年代後半からコンスタントに上昇しており、二〇一四年には六二・七％となっている。就業率の中身を見ると、遅くとも一九五〇年代以降から自営業に関わる女性の割合の減少傾向が続

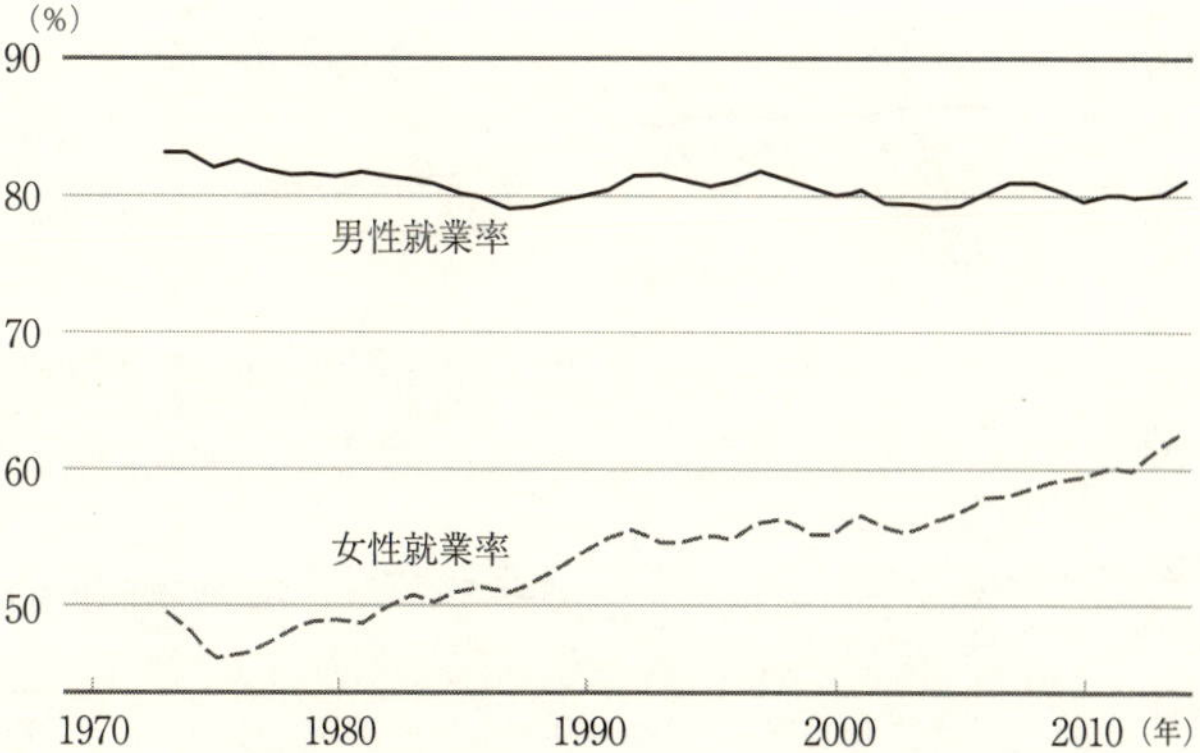


**図3-2　男女別就業率の推移**（データ：労働力調査長期統計より。他のデータとの比較を考慮し、2月時の値を使用）

いているため、女性の就業率の上昇はすなわち雇用率の上昇を意味している。この意味では、戦後一貫して女性が「外」で働くようになってきたことは間違いない。

この間に女性の就労を促すことを意図して策定された制度としては、一九八六年施行の男女雇用機会均等法ならびに一九九二年施行の育児休業法（一九九五年に育児・介護休業法に改正）がある。こういった制度の整備によって、女性が男性と同じように働くことができるようになった、といえるのだろうか。

結論からいえば、とてもそうとはいえない。戦後一貫して進んできた「女性の外部労働力への参加」は、その内実を見てみると、女性が稼ぎ手として活躍する社会からは程遠いということがわかる。

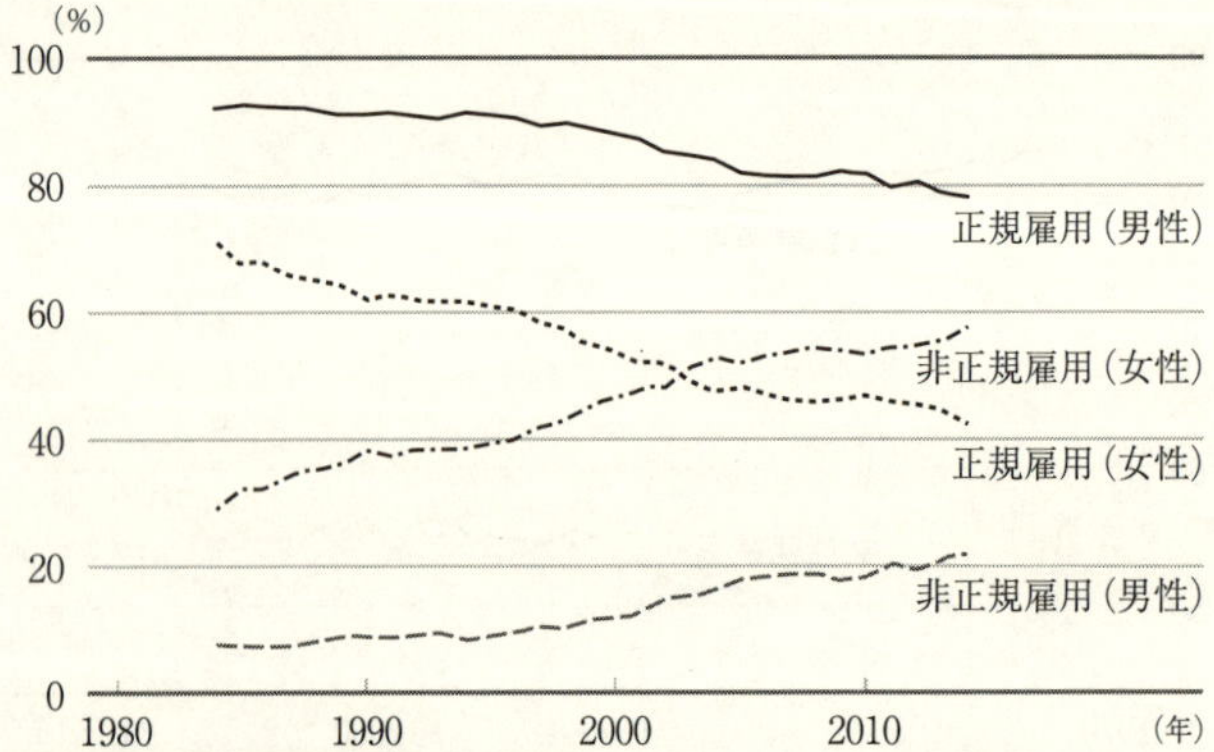


**図 3-3　男女別雇用形態の推移**（データ：労働力調査長期統計より。比較のため、各年１～３月の値を用いている）

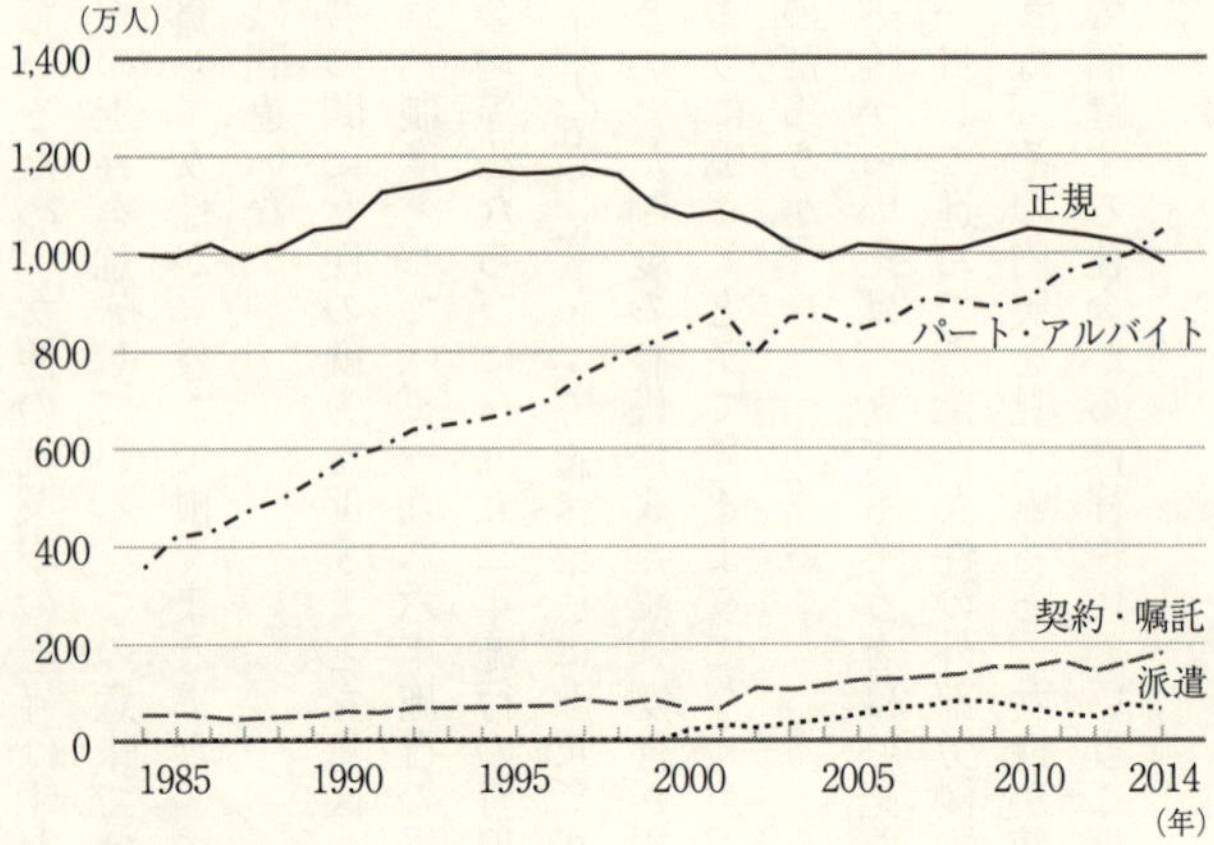


**図 3-4　女性の雇用形態の推移**（データ：労働力調査長期統計より。比較のため、各年１～３月の値を用いている）

図3-3は、一九八四年から二〇一四年までの男女の正規雇用・非正規雇用率の推移を示したものである。ほぼ一貫して、男女ともに正規雇用者の比率が下落し、非正規雇用者の比率が上昇している。男性の雇用も着実に正規雇用から非正規雇用に置き換わってきた（ただし、二〇〇〇年代後半以降については六〇歳以上の男性が嘱託社員として再雇用されるようになったことも大きい）。

一方、女性の非正規労働化の動きは、一九八六年の男女雇用機会均等法、一九九二年の育児休業法の施行によって何ら変化はなかった。図3-4は女性の雇用形態別の就業者数の推移を示したものだが、これを見ると一九九〇年代に正規雇用された女性の数が増加していることに目がいくかもしれない。これは後述するが、若年層の女性が結婚を先延ばしにして正規雇用としての就業を継続したことの表れである。しかし、より人口のボリュームが大きい年長世代の非正規雇用が増えたことと、不況のせいで学卒後に非正規雇用に就く女性が増加したことで、図3-3のように一九九〇年代ですら、全体として女性の非正規雇用率が押し上げられたのである。

要するに、採用や昇進において男女の差別をなくし、また出産・育児・介護によって就業が中断することがないような配慮が徐々に整備されてきたにもかかわらず、男性と同じような正規雇用に就く女性が増えてきたわけではないのだ。

むしろ注目すべきは、均等法と同じ一九八六年に施行され、一九九九年、二〇〇四年に改正された労働者派遣法の影響である。特に一九九九年の改正では、特定業務以外での派遣を原則認めるという「ネガティブリスト」方式への移行が実施され、派遣対象業務が大幅に拡大した。女性の派遣社員の数は一九九九年八月時点では二一万人であった。その後コンスタントに増え続け、リーマン・ショック直前の二〇〇八年には九〇万人前後まで増えたが、その後の不況によるすさまじい「派遣切り」もあって、二〇一二年の四〜六月期には四六万人までほぼ半減した。その後徐々に回復し、二〇一四年現在では約七〇万人まで戻っている。

非正規雇用の増加という観点からすると、もちろん最も目立つ変化は、以前から規制のなかったパート、アルバイトの増加である。正規雇用で働く女性は一九九七年をピークに減少に転じたのに対し、パート、アルバイトの数は最近の二〇年間で二倍以上に急増しており、派遣社員や契約社員の増加数を大幅に上回っている。

要するに、女性の非正規雇用の増加のほとんどは、パート労働者の増加によって説明できるのである。均等法、育児・介護休業法、派遣法は、パート労働を促進も抑制もしない。つまり、これらの法制度は女性の働き方にそれほど強いインパクトを持たなかったといえよう。

こんにちの女性の働き方に影響を及ぼした要素は、もっと別のところにある。

## 環境ではなく構造

ここで一度話を戻して、一九九〇年代に正規雇用に従事する女性の数が多かった背景を考えたい。

それは、（少し前でも触れたが）未婚化なのである。一九九〇年から二〇〇〇年までの約一〇年間、他の年代の就業率が伸び悩むなか唯一、二五歳から三四歳までの女性の就業率は増加した。そしてこの増加を無配偶者と有配偶者の就業率の変化に分けてみると、ほとんどは無配偶者の就業率の増加によって説明できてしまう（『平成二二年版働く女性の実情』）。九〇年代半ばは、団塊ジュニア（一九七一〜七三年生まれ）が大学を卒業して就職した時期である。彼女らはとりあえず就職して結婚相手を探したが、満足のいく相手が見つからず、仕事を続けていたのだ（この未婚化の要因については、第2章で説明したとおりである）。

続く時期、二〇〇二年から二〇一二年までの一〇年間の女性の就業率の増加は、有配偶女性の労働力参加率の増加によるものである（『平成二四年版働く女性の実情』）。この期間に女性の正規雇用従事者は減っていることから、既婚カップルにおいて、女性が男性の所得低下を補うべく、非正規雇用に就くようになったのだと思われる。

このように、女性の高学歴化や経済不況といった構造変化によって引き起こされてきた未婚化が女性の就業を促してきたのであって、「両立しやすい環境」が整ったから女性が働くようになったわけではないことがわかる。ここでも変化は、制度要因ではなく、基本的に構造主導によるものなのである。

### 女性の就労を抑制する制度

とはいえ、女性の就業にはっきりとした影響を与えてきた制度が日本には存在する。それは両立支援制度や均等法ではなく、税・社会保障制度である。

日本において女性の就労を抑制しているとされる社会保障制度は二つある。一つは配偶者控除制度、もう一つは第三号被保険者制度である。前者がいわゆる「一〇三万円の壁」、後者が「一三〇万円の壁」として、女性の年収がそれ以下になるように労働時間を抑える効果がある、とされる。

扶養控除の一部として、稼ぎのない配偶者がいる家計に対する所得控除は、戦後の税制改革時にすでに実施されていた。扶養控除から独立した「配偶者控除」が制度化されたのは一九六〇年代である。いずれにしろ、配偶者控除にはかなり長い歴史がある。これに対して、年金において第三号被保険者制度が導入されたのは一九八〇年代であった。一九八五年の年金システムの改正で基礎年金制度が導入され、片働き世帯の被扶養者（たいていは妻）の基礎年金部分については、保険者全体で負担する方式になった。その際の被扶養者の認定基準が年間収入一三〇万円未満に設定されたことから、これが「一三〇万円の壁」となる。

このうち、配偶者控除制度をめぐっては、二〇一二年度の衆院選において民主党がマニフェストにその廃止を明記していた。配偶者控除を廃止することで得られる追加的財源を「子ども手当」(従来の児童手当の拡充版)に回すという、従来の民主党の政策にかなったものであった。結局子ども手当は減額のうえ実施されたが、配偶者控除は廃止されないまま、自民党・公明党への政権交代を迎えた。戦後一貫して「夫が稼いで妻がそれを支える」という「男性稼ぎ手モデル」を尊重してきた自民党は、二〇一三年の参院選においても配偶者控除の維持をマニフェストに掲げており、その路線は自民党政権下において継続するものと考えられていた。

しかし、意外なことにこの流れは二〇一三年頃から変わりはじめる。内閣府のもとに設置された「経済社会構造に関する有識者会議」内に置かれた「成長のための人的資源活用検討専門チーム」がまとめた報告書のなかに、「経済成長を牽引するためには人的資源の形成が必要」であり、そのためには「配偶者控除などによって、就業が不利とならないようにすることなど、働き方に中立的な税、社会保障制度」を検討すべきである、と書かれたのである。

二〇一二年に発足した第二次安倍政権の成長戦略において、「女性労働力の活用」はかねてより強調されていたが、その力点はあくまで「育児期の就労支援」と「女性管理職の増加」にあった。しかし、このような提言を受け、論調が徐々に変化しはじめる。つまり、女性労働力の活用政策に、働き方の選択に中立的な税制・社会保障制度の在り方の検討が加わったのである。二〇一四年三月には、所得税の抜本改革の一環として、配偶者控除の縮小・廃止が検討されることが報道された。

### 壁をなくすメリットと限界

自民党はずっと及び腰であったのに、「税・社会保障の壁」を突き崩すことを政府が課題として浮上させた背景には何があったのだろうか。

これは推測の域を出ないが、男女の雇用均等化を進めたいということよりも、おそらく少子高齢化を念頭に、税収・保険料収入を増やすことが喫緊の課題になったから、ということだろう。後の章でも触れるが、女性が家庭内でいくら質の高い無償労働をしても、個別の家庭の生活の質を高めることにはつながるが、政府の税収や社会保険料収入は増えない。労働が世帯を超えた再分配に結びつくためには、多くの人々が賃労働に従事し、税や社会保険料を支払う必要があるのだ。少子高齢化の克服は二〇〇〇年代に入ってからますます深刻な問題として受け止められており、それと同時に歪んだ人口構成のもとでいかにして社会保障を維持していくのかが重い政策課題になった。そのために働き手を増やして税と社会保険料を納め、毎年急激な勢いで増加する高齢者のための財源（年金や医療費のためのお金）を確保しなければならないのである。

もちろん、「壁」制度を廃止することのメリットは他にもある。一部の「主婦」がこれらの制度のおかげで思うように働くことができていないことは事実だろう。そして、現状ではこれらの制度を利用しているのは中間収入層であり、低収入世帯ではない。というのも、夫の年収が三〇〇万円以下の家計が苦しい世帯では、女性は「壁」を超えて働かざるをえないことが多いからだ。その意味で「壁」制度の廃止には、家計に余裕のある層に恩恵のある不公平な制度を是正する、という側面もある。

一方、「専業主婦の家計を圧迫する」という非難もあるが、専業主婦、あるいは年収が一〇三万円を超えない範囲で働く女性のいる家庭は、ある程度夫が高収入であるか、さもなければ（子どもが病弱であるなどの理由で）仕事と子育てとの両立が非常に難しい家庭である。したがって対応策としては「壁」制度の維持ではなく、公的扶助や両立支援制度の整備を基本に据えるのが筋だ。

ただ、ここで問題になるのは「壁」制度を廃止したからといって、ただちに女性が男性と肩を並べて働けるわけではない、ということだ。有配偶女性が就労を抑制する理由は、ほかにもある。一つは賃金の壁、もう一つは家事（育児・介護を含む）の壁である。このうち家事については第5章で論じることにして、ここでは賃金の壁について説明しておこう。日本では、正規雇用と非正規雇用ではかなり大きな賃金格差が存在する。この格差は、正規雇用者の賃金が比較的低い二〇歳代においてはそれほどではないが、三〇、四〇歳代となるにつれて大きくなる。年間収入を一三〇万円未満に抑えていた有配偶女性は、「壁」制度がなくなったからといって、すぐに正規雇用に移行できるわけではないだろう。そのため、「壁」以上に稼ぐためには、非正規雇用にとどまりつつ、労働時間を長くするしかない。たとえば時給が一二〇〇円で一日八時間、週五日働いたとしても、年収は二三〇万円程度である。これでは、すでに夫が安定した所得を得ているような場合には、時給が上がらないかぎり、労働時間を延ばそうとする女性はそれほど多くならないのではないか。他方、非正規雇用で生計を立てているような人だと、そもそも最初から「壁」制度の恩恵を受けていない。つまり、「壁」制度となっている配偶者控除制度、第三号被保険者制度を廃止しても、その効果はすぐには表れないと予想できる。

## 3　「日本的な働き方」と均等法

### 欧米を特徴づける職務給制度

女性労働を考えるうえで、一九八五年は画期的な年であった（竹信 2013）。男女雇用機会均等法、労働者派遣法が制定され、そして第三号被保険者制度が始まった年なのである。前節で見たように、そこから生じた変化は、非正規雇用に従事する女性の増加であった。派遣法はその後の改正を含めて、ほぼ「意図された結果」をもたらしつつある。また、第三号被保険者制度も、（女性の就労抑制を直接狙った制度ではないものの）女性の労働力参加の抑制に一定の効果を持った。

それでは、均等法はどうだったのか？　他の二つの制度と違い、均等法は「男は外で働き、女は家庭の責任を持つ」という性別分業体制を変える力を持っていたはずではないのか。

結論からいえば、男女がともに働ける社会を意図して策定されたはずの均等法は、意図せざる結果として性別分業を維持している。このやや複雑なロジックを理解するには、日本的な働き方の特徴を踏まえる必要がある。多少寄り道になるが、日本男性の労働・雇用の特徴について手短に説明しておきたい。

大学の授業で学生に「日本的な労働」のかたちとは何かと問うと、決まって聞かれる答えは「長時間労働」と「年功序列」である。特に後者については、欧米では能力が報酬となって返ってくるが、日本は年齢や勤続年数で給料が決まるのだ、という考えが若い人たちにもいきわたっているように思える。

もちろん、現実は相当に異なる。現在の日本では、年功制、職能資格制度（能力主義）、成果主義の三つの要素で賃金が決まることが多い。これに対して欧米では、基本的には職務給制度、場合によっては成果主義、というのが基本的な枠組みである。能力主義はほぼ採用されていない（熊沢 1997）。

これらの報酬システムのうち、年功制と成果主義については理解しやすいだろう。年功制とは、年齢や勤続年数が大きくなるにしたがって賃金率（時間あたり賃金）を上げる方法である。成果主義とは、その人が実際に組織にもたらした利益をベースに賃金を決める方法である。

他方で、日本の職能資格制度や欧米の職務給制度という言葉はそれほど人口に膾炙《かいしゃ》しているものではない。しかし欧米社会と日本の働き方の違いについて理解するためには、まさにこの二つの制度について知っておく必要があるのだ。

欧米で広く見られる職務給制度とは、一言でいえば「仕事」に対して報酬が支払われる制度である。この場合の仕事とは成果のことではなく、特定の職務に就いていることを指す。旋盤工、清掃、経理、管理といった個々の仕事（職務）を遂行することに対して賃金が支払われるのが職務給制度である。日本人にとっては、学生のアルバイトの働き方を想像するとわかりやすいだろう。アルバイトは、基本的には決められた仕事をこなし、それに対して時給が支払われる。アメリカやヨーロッパでは、いってみれば「アルバイト的な働き方」が広く普及しているのである。

さらに、同一の職務に対してはほぼ同一の賃金率が適用されるという点も、欧米的働き方の特徴である。これを「同一労働同一賃金」と呼ぶ。ドイツなどでは、同じ職業に就いている労働者が会社を超えて職業別労働組合によって団結しており、経営者団体は労働組合との交渉を通じて「この職業だと時給はいくら」というふうに賃金を決める。仕組みは異なるが、スウェーデンやアメリカでも同一労働同一賃金が基本的に成立している。このような社会では、ある職業に就いている労働者が別の企業で同じ職に就いた場合も、賃金率はほぼ同じになる。大幅に収入を増やそうとすれば、同じ会社でも違う会社でも、別の職務内容の仕事に就く必要がある。

欧米で成果主義（しばしば「パフォーマンスに基づいた報酬制度」「目標管理制度」ともいわれる）が適用されるのは、比較的高い地位にある管理職や専門職である。部下のいる管理職でも、職務給が適用されることが珍しくない。

### 日本独自の職能資格制度

これに対して日本独自の人事システムとして知られる職能資格制度とは、仕事（職務）ではなく人、あるいはその人の潜在能力を評価する制度である。これはある意味、日本人にとっては「わかりやすい」システムだ。職能給の世界では、その人がどんな職務に就いていようとも、能力が同じと査定されれば同じ賃金率が適用される。反対に職務給の世界では、その人がいくら優秀な人でも、ある職務に就いていればその職務をこなした分の報酬が与えられる。職務給は仕事の遂行を評価し、職能給は人の能力を評価する点が大きな違いである。

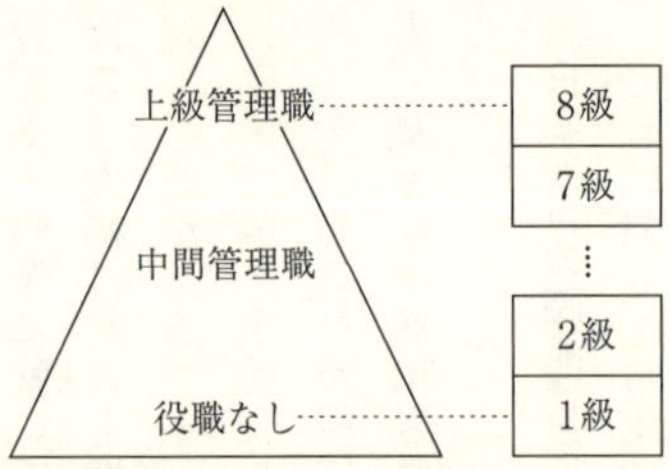


**図3-5　職能資格と役職**

職能資格の等級は会社によって多様だが、大きな組織になれば一〇ほどの等級に分けられることもある。等級と役職はある程度連動するが、給与は基本的に役職ではなく職能等級によって決まる（図3-5）。

職能の評価はたいていの場合上司が行うが、その評価は職務給制度の世界に比べてかなり抽象的なものになる。職務給では、特定の仕事内容を遂行しているかどうかが評価される。たとえば「顧客のデータを決められた規則で整理・管理しているか」といった具合である。これに対して職能給の世界では、どんな職務（経理だろうが、営業だろうが、人事だろうが）に就いていても共通の等級を適用することになる。そのため、「周囲と協力しながら目標管理し、それを効率的に達成することができる」といった曖昧で判断しにくい評価基準になりがちである。

職能資格制度は、日本の一定規模以上の企業の多くで一九七〇年代から採用されはじめ、一九八〇年代においては「日本型能力主義」として極めて評価が高かった制度である。そしてこの制度は、日本的な働き方に極めてマッチした評価システムであった。日本的な働き方とは、以下のようなものである。

### 正社員の働き方の「無限定性」

日本企業の基幹労働力として採用された者は、仕事に関する三つの「無限定性」を受け入れることを要請される。職務内容の無限定性、勤務地の無限定性、そして労働時間の無限定性である。

まず、職務内容の無限定性について見てみよう。日本の多くの企業では、労働契約を締結する時点で社員がどういった職務に就くのかを決めていない。どこかの部署に配属されても、数年すれば別の部署に配置転換される可能性もある。極端な例だと、工業高校を卒業して自動車修理工になった社員が、営業（セールス）に配置転換されることもある。

次に、勤務地の無限定性である。転勤は日本企業に特徴的な制度の代表だ。最近では社員の事情を考慮することが多くなったとはいえ、日本の大企業では基本的に「労働者がどこで働くのかは会社が決める」のである。転勤を命じられた有配偶の被雇用者は、家族を連れていくか、単身赴任をするのかを選ばなくてはならない。

最後に、労働時間の無限定性である。日本にも、もちろん法定労働時間はある。「使用者は、原則として、一日に八時間、一週間に四〇時間を超えて労働させてはならない」という決まりである。また、労使協定あるいは就業規則に定められていれば、一週間あたりの労働時間が四〇時間を超えないかぎりにおいて、一日の労働時間が八時間を超えてもよい。これを「変形労働時間」という。

ここまでは労働時間について厳しい制限を設けているEU諸国と同じであるが、異なるのは「時間外労働協定」である。これはもととなる労働基準法の条項から「三六協定《さぶろく》」とも呼ばれており、労使協定を締結すれば前述の労働時間の制限を超えて（一週間で一五時間までの）時間外労働ができるようになっている。時間外労働（いわゆる残業）には割増の賃金が設定されるため、時間外労働をある程度抑制するように働くが、それでも日本人の「正社員」にとって残業はまさに日常風景である。

このように、働き方に限定性がないことが「日本的な働き方」、正確にいえば基幹労働力として雇用された労働者の働き方である。この無限定性と引き換えに比較的高い賃金と長期雇用をあてにできるようになる。逆にいえば、これらを受容しないかぎり、賃金はかなり低くなる。転勤のない一般職やパート労働がそうである。

濱口桂一郎は、このような日本的な働き方のことを「メンバーシップ型」と呼び、欧米で広く普及している「ジョブ（職務）型」の雇用と区別する。ジョブ型雇用が一定程度限定された「職務」に就くことを想定したものであるのに対して、日本固有のメンバーシップ型雇用は会社のメンバーの一員になることを意味しており、メンバーになったあとにどのような仕事に就くか、どこで働くのかが決められるのである。職務の無限定性は規模の小さい自営業での働き方の特徴でもある。日本的経営は「家族主義」だという人もいるが、たしかに「会社の一員になる」ことは、家族になることとどこか似ているものがある。

## 職能資格制度と女性排除

現在では成果主義が部分的に導入されているとはいえ、職能資格制度は日本企業の特徴であり続けている。この制度が導入され一九八〇年代に急速に広がった背景には、年功制を基本としたそれ以前の賃金制度への批判があったからだ。一九七〇年代に入って経済成長の勢いが止まり、企業は人件費を圧縮する必要性に直面した。年功制ではどうしても生産性に貢献しない中高年の人件費が割高になってしまう。

職務給制度を導入すれば自動的な昇給を避けることができるが、ジョブ型の雇用に慣れていない企業の基幹社員にいきなり職務給を適用することは難しかったし、何よりも内部労働市場における柔軟な人員配置という、日本企業の武器を捨て去る必要が出てくる。内部労働市場とは、労働力の調整を企業の内部で行うことを指す。企業の外から人を雇い入れたり、労働力を企業の外に出してしまう（つまり解雇する）のではなく、企業内の配置転換を駆使して調整を行うのである。人件費を効率化しつつ、内部労働市場における柔軟な配置転換によって大量解雇を避け、苦境を乗り切るためには、職能資格制度はうってつけであった。

このような雇用形態にはデメリットも多い。経営者が最も問題視するのは、先ほども述べたように職務能力の評価が抽象的にならざるをえないため、実際の運用においては結局年功制に近くなってしまい、人件費の効率化に結びつかない傾向がある、という点だ。この反省から、一九九〇年代の深刻な不況に際して、「潜在能力」ではなく「結果」をもとにした成果主義や目標管理が部分的に導入されることになったのである。

しかし、ワークライフバランスや（本書が強調する）共働き社会の実現という観点からすれば、より大きな問題は次のような点である。まず、企業やその系列会社内部での人員の異動を柔軟に行うことができる反面、極めて多くの労働者が勤務場所を変えることになる。これを拒めば、大企業の基幹社員への道は事実上閉ざされてしまう。女性に転勤を避ける傾向があるため、総合職などの無限定な働き方から女性が排除される。

また、職務内容が無限定的だと、柔軟で複雑な課題遂行が労働者に期待されることが増える。管理的立場にない労働者にも「問題解決《ソリューション》」といった高度で抽象的な作業が要請されてしまうのである（熊沢 1997）。日本企業の採用において「コミュニケーション力」が重視される理由の一つはここにある。コミュニケーション力というのは、それ自体漠然とした能力であるが、あえていえば相手や自分が置かれた状況を理解し、相手の要求に適切に対応したり、自分側の事情・問題を上手に相手に伝えたりする能力であろう。このようなきめ細かい作業は、それ自体では女性を排除することはないだろうが（むしろ女性のほうが優位性を持つ可能性もある）、日本語を母語としない外国人労働者を基幹業務から排除する。

最後に、職務内容の無限定性のために、チーム単位での仕事においては個人の責任の範囲が曖昧になり、長時間勤務を常態化させてしまう。結果的に、女性は家庭についても責任を持たされているために時間の面で男性よりも制約がきつく、またもや女性が排除される要因となる。

### 総合職、一般職における間接差別

さて、いよいよ男女雇用機会均等法である。

均等法は、一九七二年に施行された「勤労婦人福祉法」が一九八五年に改正され、翌年に施行されたものである。その後、一九九七年、二〇〇六年、二〇一四年と改正を重ねてきたが、趣旨は「募集・採用」「教育訓練」「昇進・降格」「定年・解雇」「福利厚生」といった要素において男女の差別を禁じる、ということである。改正を重ねるごとに禁止事項が増えている。

均等法についてしばしば指摘される問題は、「抜け道」の存在である。均等法についての議論では、「間接差別」の取り扱いが焦点となる。というのは、たとえ募集・採用において明示的・直接的に男女差別をしていなくても、「これに応じるのは男性にとっては問題ではないだろうが、女性にとっては厳しいだろう」と考えられるような要件を設けることによって、実質的に差別的採用を行えてしまうからである。

典型的には転勤要件がそれにあたる。全国や海外に支店がある大企業が総合職の募集・採用要件に「転勤」を設けることは、現状の均等法でも禁止されていない。禁止されるのは、「合理的な理由なく」転勤を要件とすることである。合理的ではないケースとは、具体的には以下のようなものだ。すなわち、「広域にわたり展開する支店、支社等がなく、かつ、支店、支社等を広域にわたり展開する計画等もない場合」ならびに「広域にわたり展開する支店、支社等はあるが、長期間にわたり、家庭の事情その他の特別な事情により本人が転勤を希望した場合を除き、転居を伴う転勤の実態がほとんどない場合」（厚生労働省告示）である。逆にいえば、会社に転勤の実績がある場合、応募者が転勤を拒めば採用や昇進においてそれを基準に不採用・昇進見送りをしても問題ではない、ということになる。間接差別禁止におけるこうした中途半端な基準のせいで、日本企業の多くは女性を総合職から排除できた。

詳しく見てみよう。一九八六年の均等法施行前後に、従来の男女別の雇用を「コース別採用」に切り替える企業が多くなった。コース別採用とは、典型的には正社員を総合職と一般職に分けて募集・採用をする方法である。総合職は従来の男性正社員がとってきたキャリアで、職種・勤務地などの無限定性を受け入れることが求められる。一般職は総合職と違って転勤がほぼなく、職務内容は総合職社員のサポートで、総合職よりも職務内容に限定性がある。賃金率や昇給幅は総合職のほうが高い。

企業は直接的に「総合職は男性、一般職は女性」という募集・採用・配置をしてきたわけではない（それは法律に反する）。しかし、総合職採用に転勤要件を設けるなどして、総合職はほとんど男性、一般職はほとんど女性というかたちを維持してきた。このような差別的採用の結果、厚生労働省の調査によれば、調査対象企業の総合職採用者に占める女性の割合は、二〇一一年度になっても、わずか一一・六％であった（「コース別雇用管理制度の実施・指導状況」）。もちろん、そもそも総合職を目指す女性の割合が少ないという事情もある。学生は企業の採用方針を知っているので、就職難でとにもかくにも採用内定が欲しい女子学生は、採用確率が高い一般職や限定総合職に応募することが多いのである（同じ企業にはたいてい一年に一度しか応募するチャンスがない）。限定総合職とは、一定のエリア（たとえば関西圏）内での異動しか経験しないかわり、限定なしの総合職に比べれば賃金の上昇幅が小さいような職種である。

他方で応募数の差のみでは説明できないデータもある。同じ厚労省の調査結果によれば、二〇一一年に採用された応募者に対する内定者の割合は、男性が五・八％であるのに対して、女性は一・六％であった。また、二〇〇〇年に総合職の女性を採用した企業の約半数において、一〇年後の二〇一〇年には、全員が離職してしまっていたのである。

## 均等法のパラドックス

さて、ここで一つ奇妙なパラドックスがあることに気づいた読者はいるだろうか。

先に、職種・勤務時間・勤務地について限定されない総合職正社員の働き方は、実質的に女性（や外国人）を排除するように作用する、ということを述べた。男女雇用機会均等法は基本的に、この無限定的な働き方をする総合職の採用において女性を差別するな、という趣旨の法律である。たとえば厚労省が企業向けに作成した「コース別雇用管理の留意点」には、

「労働者の意欲、能力、適性等に応じ、総合職への転換を積極的に進め、経験、能力を十分に評価した処遇が行われるよう配慮しましょう」「『総合職』の女性割合が四割を下回っている場合には、『総合職』に女性を積極的に採用したり、『一般職』からの転換を積極的に進め、女性の活躍推進を図りましょう」といった指示が書かれている。

しかし、男性と女性がともに対等な立場で働ける環境を実現するためには、男女ともに総合職的な働き方を抑制する必要があるのに、均等法の趣旨は男性のみならず女性も総合職的な働き方に引き入れようとするものになっている。したがって現行の均等法ならびにその「差別禁止」の理念が実現した先にあるのは、おそらく従来どおりの性別分業社会なのだ。

その理由は極めて簡単である。転勤あり、残業あり、職務内容に限定性がないために負担が大きい、といった特徴を持つ総合職的な働き方を日本人男性が（過労死という重大な犠牲をともないつつも）なんとかこなしてきたのは、私生活をサポートする仕組みがあったからである。それは一人暮らしの独身男性にとってはまかない付きの独身寮やコンビニであり、実家通いの男性にとっては母であり、有配偶の男性にとっては妻である。

では女性が同じような働き方をする際には、誰がサポートするだろうか。男性以上に女性の多くは実家通いなので、母親もフルタイムで働いていないかぎり、頼ることができるだろう。ただ一人暮らしの場合、女性が入居できる独身寮を持つ会社の数は少ない。また実家暮らしでも、祖父母に重い介護の必要が出てきたとき、母でも男性（父や息子）でもなく、孫にあたる独身女性が仕事を減らしたり辞めたりするという例もある。

とはいえ、独身時のサポートについては男女でそれほど大きな差はないだろう。大きな差が出てくるのは結婚してからである。無限定的な働き方をする人が世帯にいる場合、そうではない人（たとえば専業主婦）が同じ世帯にいてサポートするならば私生活のレベルは落ちないし、子どもを産み育てることも可能であろう。しかし無限定社員と無限定社員のカップルだけでは無理である。その結果、女性の側がキャリアを断念することになりやすい。ましてやどちらかに転勤が命じられれば、片方の（たいていは女性の）キャリアプランは破壊される。パートナーのどちらかに転勤の可能性があるというだけで、持ち家を買うかどうかの判断などに必要な、生活の長期的見通しが立たなくなることもあるだろう。

この章の冒頭の内容をもう一度思い出してみよう。ある社会の状態（ここでは男女の雇用格差）は、必ずしも制度の意図した結果としてもたらされたとは限らない。むしろ構造的な要因や非公式の慣習的制度の（意図せざる）結果であることが多い。日本的正社員の「いろんな仕事（職務）を、いろんな場所で、時間の制限なく」遂行するという働き方は、もちろんそこから女性を排除しようという目的で普及してきたものではない。だからこそ、政府は無限定的＝男性的な働き方の世界に女性を引き入れる法制度を整備することに躊躇《ちゅうちょ》しなかったのである。

内部労働市場で男性が柔軟に配置され、外部労働市場（ここでは非正規の労働市場）で女性が柔軟に雇用され、場合によっては農家や自営業が失業者を吸収する（「いい仕事が見つからないから田舎に帰る」パターン）のが、日本的「全部雇用」の社会経済構造であった（野村1998）。それは一九八〇年代までは日本型福祉の基本にある労働のあり方として、ポジティブに捉えられることが多かった。しかし、この社会構造は意図せざる結果として、女性を基幹労働力から排除した。この性別分離された労働市場の構造を矯正するために、均等法が施行・改正されてきたのだが、効果を十分に発揮できなかった。たしかに均等法は採用や昇進におけるあからさまな男女差別を禁止するものではあった。しかし、女性が基幹労働力から排除されてきた最大の原因は、基幹労働力の働き方自体にあったのである。

## EU、アメリカと日本の違い

以上、均等法が意図せざる結果として性別分業を維持させてきたこと、その理由は従来の「男性的働き方」における無限定性を緩和したうえで女性をそこに呼びこむのではなく、従来どおりの男性的働き方のなかに女性を組み入れようとしてきたことにある、ということを論じてきた。もちろん均等政策を進める厚労省は、ワークライフバランスにも配慮するよう促している。先に紹介した「留意点」には、「女性の能力発揮に向けての環境の整備を図りましょう」とうたってある。その内容は、「出産・育児を機に女性が不利にならないように配慮せよ」というものだ。しかし出産・育児期が終わっても手のかかる人間（子どもと夫）が家からいなくなるわけではない。それに夫が転勤すれば、自分のキャリアも考えなおす必要が出てくる（なかには夫が単身赴任したほうが手のかかる人間が一人いなくなる分、楽になると考える女性もいるようで、問題の根深さを感じさせるのだが……）。

日本政府のこれまでの両立支援政策の方針は「女性を従来の男性的な働き方に近づけましょう、ただし出産・育児期は配慮します」というものだ。出産・育児期以外は男性と同じ働き方を要求され、それに対する政策上の配慮もない。たとえ子どもがいなくても、私生活のレベルを一定に保つのは、「残業のあるフルタイム勤務の夫婦二人のみ」の家族では難しい。これではおそらくほんとうの意味での「共働き」カップルは増えない。

EU加盟国では、各国が順守することを要請された「指令」によって労働時間の上限規制が実質化したため、残業は例外的にしか発生しない。そのため、フルタイム雇用に従事する男女が子育てしながら、長期的なキャリアを形成することが当たり前になってきた。公的な育児サービスも、日本より安価に受けることができる。

また、EUでもアメリカでも、仕事は職務単位で組織される。一人の人間が無限定的にいろんな職務を掛け持ちしたり、責任の範囲が曖昧なチーム労働をしたりすることはあまりない。そのため労働時間を自分で調整したり、場合によっては一時的に仕事を辞めて、しかるべきタイミングで再びフルタイムの仕事を探すことも、日本より容易である。転勤はほぼないが、たとえパートナーが離れたところで仕事を始めることになっても、家族で移動してそれなりの収入がある仕事を探すという選択肢は十分に考えられる。

もちろん、成果が要求されるようなハイレベルの管理職や専門職においては、労働時間が長くなることもある。しかもアメリカでは、かなり強力な男女差別禁止の法制度はあるが、両立支援のための公的制度は全く充実していない。それでも共働き子育てのカップルが多いのは、共働きで収入を増やしてベビーシッターを雇用するなど、育児サービスを市場で調達できるからである。

日本の両立支援に立ち戻れば、出産・育児期のサポートはそれなりに充実しており、EU諸国と比べて大きく見劣りするようなものではない。それでも共働き社会が実現できないのは、やはり「男性的働き方」に女性を引きこもうとしているからである。「均等法」と「育児・介護休業法」を組み合わせればそれが可能になる、と多くの人が考えてしまったからであろうが、実際はそうではなかった。

## 長所と短所を理解すること

では、どうしたらいいのだろうか。

すでに書いてきたことだが、欧米で広く普及している職務単位の働き方は、両立・共働きと相性がよいものだ。労働時間の調整のしやすさ、活発な転職市場が可能にする離職と再雇用、配置転換と転勤がないこと、これらは働き方が職務単位で切りだされていることによって可能になっている。逆に日本の基幹労働力に期待される働き方では、自分や周囲の職務内容が曖昧なため自律的な時間調整が難しく、また配置転換や転勤の可能性もあるために、共働き夫婦にとって非常に厳しい環境となる。

したがって、一つのアイディアとしては、職務単位で限定的な働き方をする労働者を増やす、という方向性がある。もちろん、職能資格制度の世界から職務給の世界にいきなり転換できるわけではない。そもそも実現が困難だろうし、もし実施されたとしても失業率（特に若年者失業率）の飛躍的な上昇を覚悟しなければならない。ジョブ（職務）型雇用の世界とは外部労働市場の世界である。そこでは、不景気で仕事がなくなれば被雇用者を解雇することは普通であり（そのかわり社内での「飼い殺し」は生じない）、また解雇が経験の浅い若年層から先に行われるのもなかば「当たり前」である（濱口 2014）。このことが可能なのは、アメリカのように外部労働市場が活発であるか、あるいはＥＵ諸国のように失業に対する公的な保障がそれなりに充実している、といった条件があるからだ。

すでに見てきたように、日本において不況期にも失業率があまり高まらなかった理由の一つは、企業内における柔軟な配置転換が可能であったからだ。そしてその内部の柔軟性は、職務内容が無限定的な日本的雇用慣行があったからこそ実現できている。「働き方を限定的にしてワークライフバランスを実現しやすくする」ということは、解雇の可能性を受け入れ、そのかわりに外部労働市場（転職市場）の活性化や政府による充実した失業者（求職者）支援があってこそ意味を持つ政策である。

繰り返しになるが、職務が限定されるということは、職務（仕事）がなくなれば社内ではやることがなくなる、ということである。不景気でも「（特定の社員の）やることがなくなる」事態が日本の企業であまり生じず、生じてもそれが容易に解雇に結びつかなかったのは、雇用契約に職務内容が入っていないこと、そして社内の訓練制度によって職務内容や配置を見直す仕組みがまがりなりにも、できていたからである。

経済がうまく回らないときに仕事のない者の生活を保障するのは、どの国でもコストがかかることである。そのコストをどこが負担するかについては、国民自身が事情をよく理解したうえで合意形成する必要がある。ＥＵ諸国のように、職務単位の働き方と政府による公的支援を組み合わせるのか、日本のように無限定的な働き方を重視して企業が雇用を吸収する方向性を維持していくのか、それとも他の方向性を模索するのか。各々の選択肢の長所と短所を理解したうえで選択することが重要だ。理解不足のために、実現不可能な、いいとこどりの組み合わせを想定し、それをもとにほかの政策に反対するような態度が最も問題である。

ここまで見たように、欧米的な職務単位の働き方にもデメリットはある。失業率の上昇が代表的な問題である。また、詳しくは第4章で見るが、スウェーデンのように公的部門で女性が働きやすい環境を手厚く提供すると、ともすれば大量の女性が公的部門に吸収され、民間での女性の活躍が阻害される可能性もある。重要なのは、政策がどういった副作用を持つのかを意識したうえで、合意形成をすることだ。

とはいいつつも、日本の置かれた現状からすれば、とりうる道は限られる。日本の直面する大きな課題は、長期的な労働力不足、社会保障の担い手不足である。この問題を緩和するためには、出生率を上昇させる、女性の労働力参加率を上げる、外国人労働者を受け入れる、といったことが必要になる。第2章で指摘したように、女性が長期的に働き続けられる見込みが得られる「共働き社会」を実現することができれば、出生力と女性の労働力参加率をともに高めることができる。そして共働き社会の条件として、これまでの男性的な働き方、つまり無限定的な働き方を制限すること、外部労働市場を活性化させること、職務単位の働き方を拡充させることが必要になるだろう。

日本の生活保障は、企業と家族との組み合わせ、つまり企業に雇用された男性と、家庭の責任を負う妻との性別分業によって成立してきた。そのため、苦境に陥った企業を雇用補助金等で政府が支援することが、個人の生活保障における重要な手段であった。こうした従来の方向性をあらためて選びとるという合意をすることも、もちろんありうることだ。しかしその場合、少子高齢化にともなう労働力と税収・社会保険料の落ち込みをどうするのか、といったことについては、きちんと対案を示す必要があるだろう。

### 残された課題

男性的な働き方を緩和するなどの方向性を選びとるとしても、留意すべきことがいくつかある。これまで論じてきたように、日本の内部労働市場においては、職務内容が限定されない働き方が支配的であるのは間違いない。しかし現在の外部労働市場において、限定的な職務単位での仕事が支配的かといえば、そうではなくなっている。一九九〇年代の不況期において、非正規雇用労働者の割合が増加した。つまり内部労働市場が圧縮する一方で、外部労働市場が拡大した。この動きを仔細に見てみると、「非正規雇用の基幹労働化」という奇妙な事態が進行していたことがわかる。

日本では雇用契約において職務内容を明示しないことが一般的であるが、これは何も総合職社員のみならず、パートやアルバイトの雇用にもある程度見られる慣行である。ここから、非正規労働者に低い賃金で正社員並みの働きを要求することが可能になってしまっている。その典型がパート労働の基幹化である（本田 2010）。スーパーマーケットはパート労働をする有配偶女性の典型的な職場だと考えられているが、レジ打ちといった定型的作業のみならず、商品陳列や仕入れといった、ある程度の判断力が要求される非定型業務をパート社員に任せることが増えている。学生アルバイトでも同様で、アルバイト学生抜きには商売が成り立たないといわれているコンビニ等の小売店や居酒屋では、アルバイト学生が勤務シフトづくりやクレーム処理など、従来は正社員が遂行してきた業務を低い賃金で引き受けているという実態がある。

また、転勤のない限定総合職は、女性労働力の活性化という観点からすれば基本的に望ましい方向性である。しかし「転勤がない」という一点のみで、総合職と同じような職務内容をしていても、昇格や昇給が不当に制限される可能性がある。共働き社会の実現のためには男女の賃金格差が縮小することが必要になる。男性は総合職、女性は限定総合職か有期雇用、という分断は緩和されなくてはならない。また、男女が将来の共同生活を思い描くためには、男女ともに転勤が少ないような働き方こそが求められる。やはりここでも、男性的な働き方の典型である総合職が変わることこそが重要なのである。

# 第4章　お手本になる国はあるのか？

## 1　自由主義、社会民主主義、保守主義

### クォータ制

二〇一四年一〇月、第二次安倍内閣は国会に提出予定の「女性活躍推進法案」の内容を明らかにした。そのなかでは、「二〇二〇年までに、指導的地位に就く女性の割合を少なくとも三割程度にする」という二〇〇三年以来の政府の目標を確認し、大企業や国、自治体に対して数値目標を設定することを義務づける方針を示している。数値目標が達成されなかった

際の罰則はなかったが、それでも経営層からは「数値目標の設定自体が人材活用に歪みをもたらす」という反発があった。逆に女性の就労を促進する立場の識者からは、女性の割り当ての義務化、罰則の設定がなされなかったことに対する失望の声が聞かれた。法案は衆院の解散のために流れ、現在再提出・審議中であるが、この政策は第3章でも述べたように、少子高齢化による労働力の減少に備え、女性の労働力を活用するという政府の方針を反映したものであった。

特定の地位や職に対して、ある社会的属性を持つ者を優先して採用・配置することを「クォータ（割り当て）」制度と呼ぶ。たとえばスウェーデンでは一九九〇年代から政治の分野でのクォータ制度が導入されはじめ、代表的な政党が候補者の半数を女性とする、といった規則をつくってきた。北欧諸国のみならず、ヨーロッパの国の半分近くが何らかのかたちで国政立候補者のクォータ制を設けている。おとなりの韓国でも二〇〇〇年代以降、比例代表の候補に女性の割り当てを義務づける法律が導入された。

民間企業においても、取締役の一定以上を女性にしなければならない、というクォータ制を取り入れた国は少なくない。なかでも有名なのはノルウェーの例である。

ノルウェーは、二〇〇六年に法律を改正し、株式会社の取締役メンバーにおいて、片方の性が四〇％を下回らないよう義務化した。その結果、図4-1を一見してわかるように、各

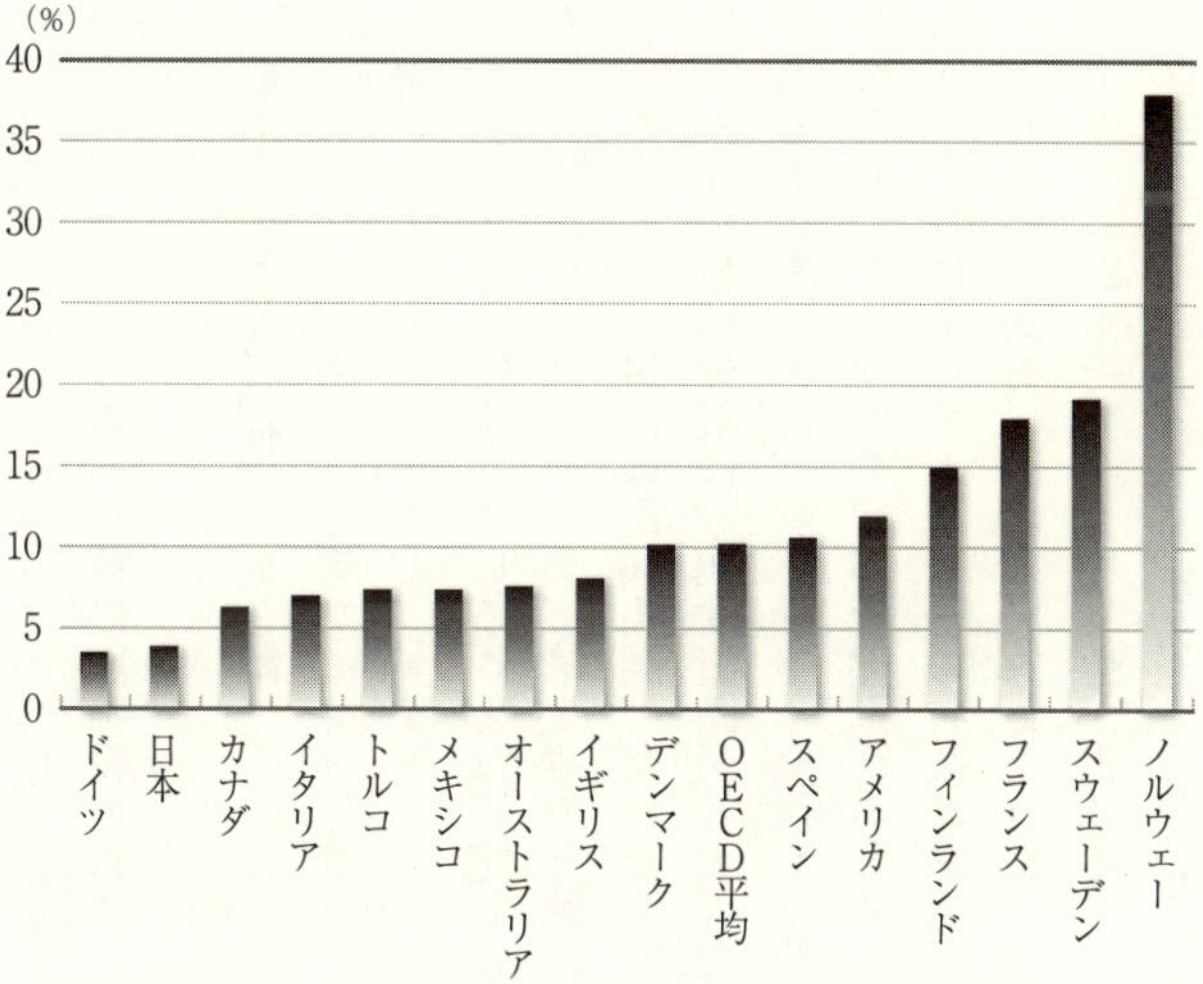


**図 4-1　主要国・主要企業における取締役の女性比率**（2009年。データ：OECD〔2012〕より筆者作成。対象となる企業は、フォーチュン・グローバル500のリストにある企業である）

国の有力企業の取締役に占める女性の割合において、ノルウェーが突出することとなった。罰則のある法律の効果が如実に表れている。同じく取締役のクォータ制を導入したスペインでは罰則が規定されていないため、ノルウェーほどの効果は見られなかった。

ここであえて注目したいのは、ノルウェーのような男女平等で知られる国において、なぜクォータ制が導入されなければならなかったのか、ということだ。真に男女が平等な国で、しかも男女の生来的な能力格差が無視できるのであれば、わざわざ法律で義務づけずとも、有力な地位に占める女性は男性と同数になるはずだからだ。しかし、グラフに示されたノルウェーの突出した数値(三八%)は法律改正後の二〇〇九年度のものであり、そのほんの六年前の取締役に占める女性の比率は九%だった。

## 北欧を悩ませる「性別職域分離」

ノルウェー、スウェーデン、フィンランド、デンマークの北欧四ヵ国が、日本や韓国などの東アジア諸国はもちろん、ドイツやイタリアなどのヨーロッパ主要国と比べても高いレベルで男女平等を実現していることは否定しようがない。それでも、これらの国は独特の悩みを抱えてきた。その一つが、第1章でも触れた「性別職域分離」だ。単純化していえば、これらの国では「男性は民間企業、女性は公務員」という職業の性別分離が目立つのである。

この性別職域分離は、北欧諸国が「大きな政府」の国であることに起因する。大きな政府であるということは、高い税率や発達した社会保険制度を通じて大規模な所得の再分配が生じており、かつ女性の雇用を促進するための保育や介護の制度が整っているということであるが、それに加えてもう一つの特徴がある。それは、政府が大量の雇用を生み出している、ということである。すでに触れたように、政府による雇用の多くを占めるのがケアワーカーであり、しかもその多くを女性が占める。

図4-2は、一九七〇年から一九九九年までに、政府雇用の割合と女性労働力参加率が主

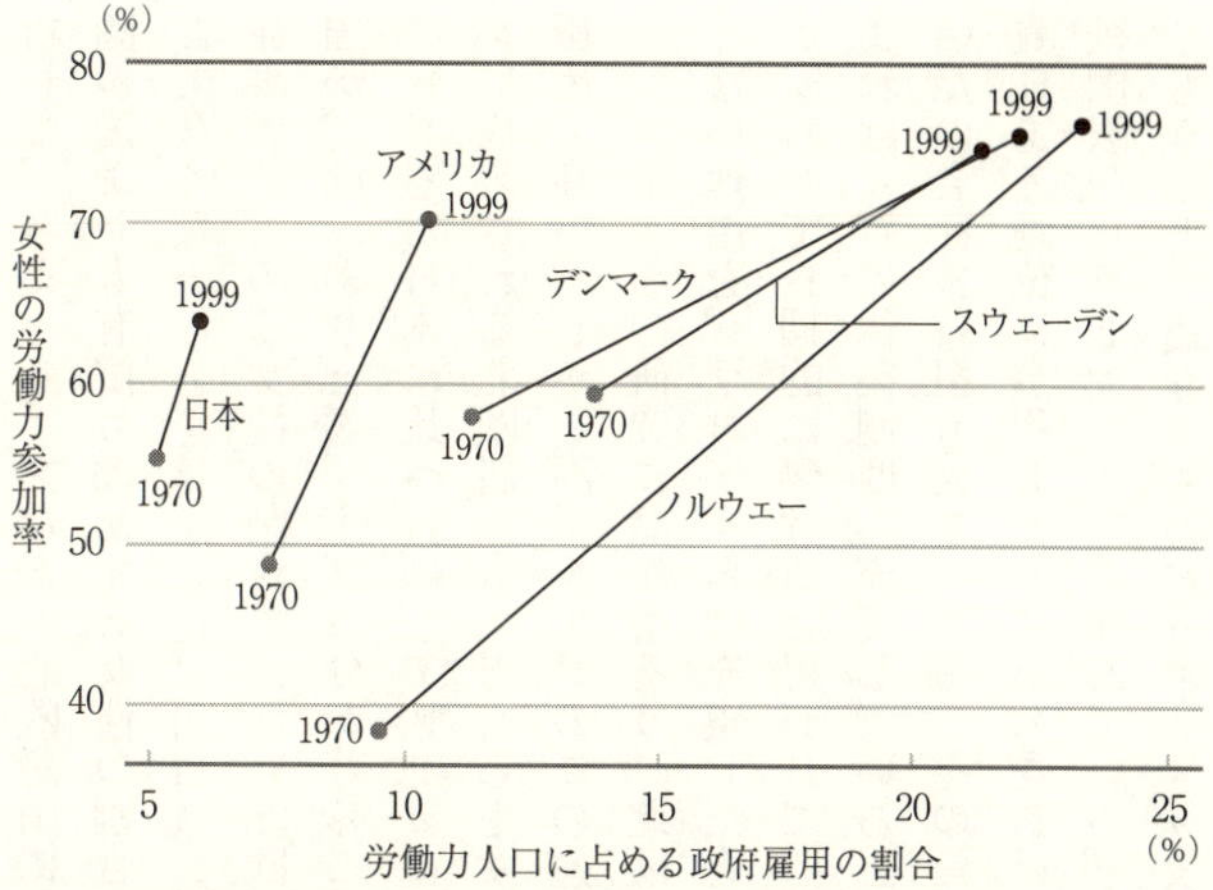


**図4-2　主要国における公務員比率と女性労働力参加率の変化**（データ：CWSより筆者作成）

要各国でどのように変化したのかを示したグラフである。約三〇年間において、北欧の三ヵ国では大量の政府雇用が生まれた。この同じ期間に女性の労働力参加率も大幅な伸びを見せ、アメリカや日本を抜き去っている。この背景にあるのが、女性の公的雇用である。

北欧諸国は、オイル・ショック後も「大きな政府」を維持して、充実した育児休業を保証しつつ、他方でケアワーカーとして政府が女性を大量に雇用してきた。このことによって多少のひずみが生じてきた。社会学者、政治学者のなかには、このひずみに注目して北欧諸国独自の問題を指摘した者もいた。

なかでも有名なのが、社会学者のマンデルらの研究である（Mandel & Semyonov 2006）。彼らは、欧米諸国の個人レベルのデータを分析して、スウェーデンなどの北欧諸国においては、アメリカやオーストラリアといった英語圏の国よりも有償労働をする女性の割合は高いものの、管理職に就いている女性の割合は決して多くないことを見出した。川口章（2008）でも、女性の労働力参加率は高いが「管理職従事者に占める女性の割合」は低い北欧諸国と、その逆の傾向があるアングロ・サクソン諸国が、はっきりとグループに分かれることが示されている。

もちろん日本に比べれば、アメリカに代表されるアングロ・サクソン諸国も、スウェーデンに代表される北欧諸国も、どちらも女性の働いている率、そして管理職に占める割合とも極めて高い。しかし両グループのこの違いは、日本の今後を検討するうえでも重要である。

マンデルらの研究に話を戻そう。北欧社会において、民間の女性管理職割合がそれほど高くない理由を、マンデルらは充実した育児休業制度に求める。育児休業制度を整えると女性が安心して長期的に働けると思われているため、この説明は矛盾とも思える。しかし彼らによれば、育児休業制度が充実していると女性が簡単に長期の休業をとりやすくなり、そのあいだの会社の負担も大きくなる。そのため、民間企業の経営者は女性を積極的に採用したり、責任ある地位に登用したりするのを避けるようになる、というのである。これを彼らは「福祉国家のパラドックス」と呼んでいる。

もうひとつ紹介するのがゴーニックらの研究である（Gornick & Jacobs 1998）。主要国の個人レベルの賃金データを分析することで、彼女たちは公的セクターに雇用された人々の賃金について興味深い事実を見出した。たしかに公務員は民間企業に雇用された人たちよりも平均賃金が高く、そのおかげでスウェーデンなどでは男女の賃金格差が小さい。しかし学歴ごとに男女の賃金格差を見てみると、ほとんどの国で女性が政府に雇用されることで生まれるメリットは消えてしまう。特にスウェーデンでは、男性に比べて女性の公的雇用の割合が高く、そのために、実際にはむしろ賃金格差が大きくなっている、という。

なぜこういう奇妙な事態が生じるのだろうか。それは、公的に雇用された者の賃金が相対的に高いのは、高学歴者が多く雇用されているから、というからくりがあるからだ。もう少し踏み込めば、民間部門に雇用されていればもっと稼げたはずの高学歴女性が、政府に雇用され、結果的にそう高くない賃金レベルに落ち着いてしまっている、ということである。

## 「大きな政府vs.小さな政府」を超えて

では、管理職比率の面で北欧諸国を上回るパフォーマンスを実現してきたアメリカには問題がないのだろうか。もちろんそんなことはない。政府による民間企業への介入を極力小さくするという共通了解があるアメリカでは、育児や介護による休職期間中に所得保障を義務づける法律は一切存在しない。そのため、一部の「気前のよい」企業を除けば、女性は出産後すぐに子どもをベビーシッターに預けるなどして職場復帰する。公的な支援がないために育児にかかる費用はかなり高額で、低賃金労働者が子どもを預けながら働くと家計が「赤字」になってしまうため、仕事を辞めてしまうことが多い。するとますます貧困に陥ってしまう。これが、アメリカのシングルマザーがはまり込んでしまう貧困の罠《わな》である。

ここでは、各国の「働き方」のメリットとデメリットについて指摘したいわけではない。第1章でも触れた、一つの誤解を解いておきたいのである。それは「大きな政府と小さな政府」という枠組みに起因する誤解である。

少子高齢化社会の問題を考えた場合、各国のパフォーマンスの有力な基準となるのは、やはり出生力を維持しつつ、女性労働力がどれだけ有効活用されているのか、であろう。生まれてくる子どもを増やすことで人口構成の歪みを小さくしつつ、増加する高齢者を支えるための税と社会保障を負担する労働者を増やす必要があるからだ。そして出生力と女性労働力参加率という二つの指標から見た場合、比較的よい数値を維持できているのはアメリカに代表される「小さな政府」の国と、スウェーデンに代表される「大きな政府」の国であり、そのどちらでもないドイツ、イタリア、そして日本などは低出生力と女性労働の不活用の問題に直面してきた。このことから、私たちは、単純に政府が大きいほうがよい、いや小さいほうがよい、という議論をしていては、物事が先に進まないということを認める必要がある。

## 一九七〇年代という分岐点

社会政策学や社会学の世界では、一九九〇年くらいを境にして、経済先進国について「政府の大きさ」を分類基準とすることがほとんどなくなった。この理論枠組みの刷新において重要な役割を果たしたのが、デンマーク出身のG・エスピン＝アンデルセンである。

エスピン＝アンデルセンは、高い経済成長率に支えられた「福祉国家の黄金時代」が終焉を迎えた一九七〇年代以降、先進国が異なった方向性を歩むことになった、と主張した（Esping-Andersen 1990＝2001, Esping-Andersen 1999＝2000）。つまり、「国のかたち」が明確に分岐しはじめたのは一九七〇年代以降だ、というのである。

エスピン＝アンデルセン以前には、福祉国家についての有力な分析枠組みは「収斂《しゅうれん》理論」であった。収斂理論とは、ある国が経済成長を持続的に経験すると、高齢化などの影響もあって、政府の社会保障支出もそれに応じて増えるという見方である（Wilensky 1975＝1984）。

このような見方は、一九七〇年代以降にアメリカやイギリスが「小さな政府」を明確な目標として、労働の規制緩和や公共企業の民営化を推し進め、他方でスウェーデンなどの北欧諸国は高負担・高福祉の路線を持続するという、各国ごとの対応の違いが鮮明になるにつれて、徐々に説得力を失うことになった。エスピン＝アンデルセンが提起した新たな理論枠組みは、この分岐を「三つのルート」として整理するものである。

たしかに、一九七〇年代以降に経済先進国を襲った深刻な失業問題に対して、それぞれの陣営は異なった対応を見せた。日本では独特の事情があって失業が大きな問題となることはなかったが、アメリカやヨーロッパでは、失業は最も大きな問題の一つであると理解されており、政府が定期的に発表する失業者統計がメディアを賑わすことになる。失業とは定義からして「働く意欲があるのに職がない」状態であり、失業者の大量発生は資源が有効に活用されていない状態を意味し、経済成長にとってマイナスになる。失業が長期化するとその人の持つ意欲が失われたり、スキルが錆びついたりして、国としてさらに大きな経済損失になってしまう。失業はまた、人々のメンタルにも大きなマイナスの影響を与える。日本でもどこでも、「仕事をしたいのに仕事がないこと」が自殺率と強く関連することはよく知られている（柴田 2014）。

### アメリカの自由主義路線

「三つのルート」に話を戻そう。この分類については第1章でもすでに触れたのだが、再度もう少し詳しく見ていきたい。

一つはアメリカに代表される自由主義路線である。すでに述べたようにこの路線では、市場メカニズムを重視し、労働規制の緩和を行うことで失業問題を乗り越えようとした。簡単にいえば、経営者が賃金を自由に設定できるようにして、雇用の総量を増やそうという狙いである。

長く続くデフレのため二〇一四年時点で二〇年間ほとんど賃金が上がってない日本では、賃金をいかに高めるのかが経済活性化の一つの鍵だと認識されている。しかし一般に、ある国が失業問題で悩んでいるときは、（実質）賃金の引き下げが通常の戦略である。賃金の水準が高いと経営者は新たに人を雇用する余裕がなくなる。また、高価な労働力を抱えていては、会社は将来に向けて投資をする金額を減らさざるをえないし、国内のモノの価格が上昇し、製品の国際競争力が失われてしまう。

ヨーロッパでは公的な失業手当が充実しているが、アメリカでは失業にともなう貧困問題については最小限の財政的援助で手当てするかわりに、雇用全体を流動化させ、競争による生産性の向上をはかる、という戦略がとられている。

低所得者に対する援助は主に「給付付き税額控除」という制度で実施されている。日本人にとっては聞き慣れない言葉かもしれないが、アメリカのみならず、イギリス、フランス、スウェーデンなど主要な先進国で広く行われている制度である。税金を免除する制度には主に二つのやり方がある。一つは課税所得を控除（値引き）する方法である。日本の「配偶者控除制度」はこの方式である。年間収入が一〇三万円以下の配偶者を持つ者は、自らの課税所得からさらに三八万円を差し引くことができる。その分、税金額が小さくなる仕組みである。これに対して税額控除とは、日本の「住宅ローン減税制度」で採用されているやり方で、税金の額そのものを減らす制度である。

「給付付き税額控除」とは、単に税額を控除するのみならず、そもそも課税所得が最低限度に満たない者には現金を給付するという制度である。ヨーロッパ諸国は失業者に対して給付付き税額控除のみならず手厚い失業手当制度を持っているが、アメリカにおいては給付付き税額控除が労働者に対して主要な社会保障の手段となっている。アメリカが採用している理由は、給付付き税額控除が「働く意欲」を阻害しないと考えられているからである。日本の生活保護制度では、所得が一定額を超えると給付が打ち切られてしまうため、生活保護受給者に労働時間を増やすインセンティブが働きにくい。これに対して給付付き税額控除では、働く時間を増やせばそれに応じて所得も増える。

一九六〇年代までのような高い経済成長率が見込めなくなってしまったなかで、限られた政府歳入を有効に活用する必要性が増し、そのなかで各国政府は福祉と労働を接合させるという方向性を打ち出した。いわゆる「ワークフェア」政策である。ワークフェアとはウェルフェア（福祉、厚生）とワーク（仕事）を掛け合わせた言葉で、労働しているか、労働する意欲を見せつつ職業訓練などを受けているかぎりにおいて、公的福祉を与えるという政策方針である。日本人に馴染みのある言葉でいえば、「働かざる者食うべからず」ということだが、ワークフェア政策が実装される程度は国によって異なる。給付付き税額控除を主要な福祉給付制度とするアメリカでは、労働あるいは労働意欲を福祉給付の条件とするワークフェア政策を採用する国のなかでも、「働かざる者食うべからず」の方針が厳しく追求されてきたのである。

### 北欧の社会民主主義路線

二つ目の路線は、北欧諸国がとった社会民主主義路線である。この路線の特徴は、（すでに第1章でも登場した）積極的労働市場政策にある。積極的労働市場政策とは、単に失業者に対して公的給付を行うのみならず、政府が主導して職業訓練の機会をふんだんに用意し、失業者を労働市場に送り返す、という方針である。特にスウェーデンでは積極的労働市場政策の歴史が長く、一九七〇年代以前から意識されてきた。ここでは、「同一労働同一賃金」政策と職業訓練政策の組み合わせが重要になる。

同一労働同一賃金政策とは、労働者代表（中央労働組合）と経営者代表組織が合議によって職業ごとの賃金を取り決めるやり方で、同じ職業であるかぎりはどの企業で、あるいはどの雇用形態で（フルタイムでもパートタイムでも）働いていようとも、時間あたりの賃金が基本的に同じになるように調整する制度である。日本ではとうてい考えられない「取り決め」かもしれない。日本では、トヨタ自動車やみずほ銀行といった大企業に雇用されている場合と、従業員数一〇〇名に満たない中小規模の会社に雇用されている場合では、同じような仕事をしていても賃金が異なるのが普通であろう。しかしヨーロッパでは、一般に労働組合の力が強い国が多く、同じ職務内容であれば会社規模にかかわらず賃金があまり違わないのは決して珍しいことではない。

職業ごとの賃金が企業の壁を超えて平準化されると、生産性の高い大企業にとっては質の高い労働力を比較的安価で雇用することができ、経営に余裕が生まれる。反対に規模の小さい企業にとっては、労働力が割高になるため、経営が苦しくなることがある。日本では、経営が苦しくなった中小企業に対して様々な補助がある。そのまま倒産されると失業が生まれるので、企業を存続させて失業を抑制しようという趣旨である。しかしスウェーデンの場合、同一労働同一賃金制度によって経営が苦しくなった企業を救済することはせず、かわりに失業した人に対して失業給付や職業訓練などで救済を行うのである。

積極的労働市場政策の効果については、一致した見解がない。しかし、一九八〇年代においては、アメリカのように労働規制がほとんど存在しない国と、スウェーデンのように労働組合と経営者が合議する制度が存在した国では、その中間にあるような国（ドイツなど）よりも失業率が抑制できた、という指摘もある（下平 2013）。

この文脈でしばしば取りあげられるのは、一九八二年に結ばれたオランダの「ワッセナー合意」である。オランダは一九七〇年代から続く大量失業（当時は「オランダ病」とも呼ばれた）に対して、政労使の三者協議を通じて、次のような合意を作りあげた。まず、労働組合が賃金削減と短時間勤務、ワークシェアリングに同意し、経営者団体はそれを前提に雇用確保を約束した。政府は減税等を通じて労働者の生活と企業の経営を援助することに合意した。こうしてオランダは国際競争力をとりもどし、オランダ病を脱することができた。

こうした事例はあるものの、積極的労働市場政策が顕著な効果をあげたという明確な証拠はなく、その効果のほどは不確定である。むしろ一九七〇年代以降の北欧諸国の労働市場を特徴づけてきたのは、公的雇用の増加とそれを通じた女性労働力の活用であった（再び図4-2を参照してほしい）。

## ドイツの保守主義路線

三つ目の路線の説明に入る前に、ここでいったんおさらいしておこう。一つ目の路線はアメリカに代表される自由主義路線で、ここでは市場メカニズムを重視した規制緩和やワークフェア政策によって雇用を生み出すことが目指された。二つ目の路線はスウェーデンに代表される社会民主主義路線で、ここでは積極的労働市場政策や公的雇用によって、やはり労働力を拡大する方向性が模索された。

第三の路線は、ドイツに代表される保守主義路線である。この路線の特徴は、自由主義や社会民主主義と反対に、労働力を縮小することを目指した点にある。しかし「労働力を縮小する」というのはどういうことだろうか。

ここで、失業率の定義について再度確認しよう。失業率とは、失業者の数を労働力人口で割った値である。失業者とは、簡単にいえば「現在職に就いておらず、かつ求職している者」である。労働力人口とは、通常は一五歳以上の人々のなかで就労している者と失業者を足した数になる。つまり、一五歳以上人口は、就労者と失業者、そして非労働力の三グループによって構成されることになる（図4－3）。このため、理屈としては就労者がゼロでも労働力参加率が高い、という状態はありうる。

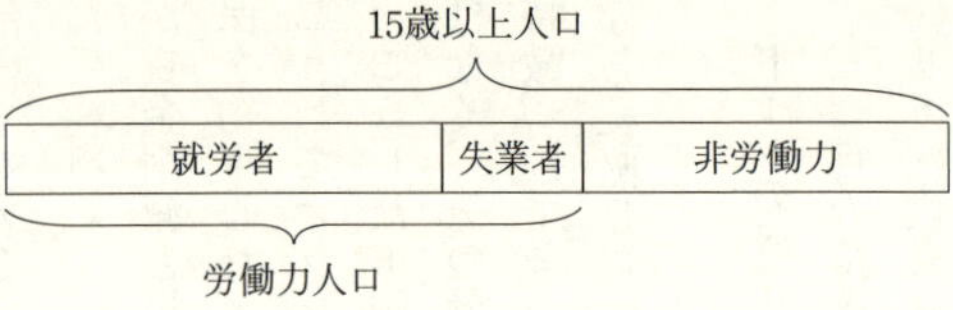


図 4-3　労働力の図解

ここで、失業率を減らすためには二つの方向が考えられる。一つは（すでにアメリカやスウェーデンの例で見てきたように）雇用を創出し、労働力人口に占める就労者の割合を増やす、つまり失業者を就労者にすることである。もう一つは労働力人口を減らす、つまり失業者を非労働力にしてしまう、あるいは就労者を引退させて非労働力化し、それによって空いた職に失業者をあてがう、という方向性である。

大量失業時代のドイツやフランスでしばしば見られた早期引退制度は、まさに労働力の縮小を狙った政策である。典型的には、政府が助成金を出したり、年金を用意したりして、シニア労働者を引退させ、空いた職に若年失業者を流し込もう、というものである。

結果的に、この「労働縮小ルート」には大きな副作用があった。それが性別分業である。自由主義路線と社会民主主義路線は、それぞれ「小さな政府」と「大きな政府」を志向するという正反対の路線であったにもかかわらず、女性の労働力を活用する仕組みをつくってきたという共通点がある。そして、自由主義路線をとった陣営では女性の管理職比率が相対的に高く、社会民主主義路線の国々では女性の労働力参加率が相対的に高いという特徴がある、ということはすでに見てきた。これに対して、労働縮小路線は女性を賃労働の市場に引き入れることについて控えめで、その結果「男性は市場労働、女性は家庭労働」という性別分業を克服するチャンスを逃してしまったのだ。

## 日本はどの路線なのか

エスピン＝アンデルセンは、これらの三つの路線を「レジーム（体制）」と呼ぶことがある。社会政策学や社会学の研究者にとってはそちらのほうが馴染み深い。先進資本主義国の社会保障のあり方を三つのレジームに分類する理論を、「福祉レジーム論」という。このエスピン＝アンデルセンの仕事が知れ渡って以降、日本がどの「レジーム」に属するのか、多くの議論が戦わされた。レジームという分類自体、自由主義はアメリカ、社会民主主義はスウェーデン、保守主義はドイツを典型的なモデルとしてつくられたものであり、すべての先進諸国がきれいにどれかのレジームに分類される、といった性質のものではない。しかしそのなかでも日本はかなり特殊な位置づけにあると考えられていた。

日本は一九七〇年代に入ってから深刻な経済不況を経験したものの、失業率が他の欧米諸国ほど高い水準にならなかった。すでに触れてきたように、内部労働市場によって失業と再就職を経ずに雇用調整がなされたうえ、農業・自営セクターも残存しており、さらに女性については家族が余剰労働力を吸収したからである。

したがって日本は、三つの路線のどれにもピッタリあてはまらない。エスピン＝アンデルセン自身は、日本はあえていえば自由主義レジームと保守主義レジーム（労働力縮小路線）の中間である、と述べている。

一九八〇年代の日本は、中曽根政権主導のもと大規模な民営化を推し進めてきた。具体的には、日本電信電話公社（現NTT）、日本専売公社（現日本たばこ産業）、そして日本国有鉄道（現JR）の民営化である。しかしこの自由主義的な改革は、労働市場の規制緩和を通じて外部労働市場を活性化させる方向には向かなかった。この間にも日本企業の雇用方針は大きく変わらず、日本の「男性的働き方」は持続し、女性の労働力参加は進まなかった。

このように日本の（新）自由主義改革は、公的企業を民営化することで政府負担を減らすものではあっても、労働市場を変えるような方向性は——少なくとも二〇世紀中には——なかった。むしろ一九八五年の一連の法整備（第三号被保険者制度、労働者派遣法、男女雇用機会均等法）によって、性別分業を温存する方向に舵を切ったのだ。その結果、保守主義的な労働縮小路線に特有の症状である性別分業が今に至るまで根強く残ることになった。この動きの背景にあったのが、いわゆる「日本型福祉社会」の考え方であった。

## 日本型福祉社会

日本型福祉社会とは、一九七〇年代も終わりに差し掛かる頃に自民党を中心に提起された政策方針である。そこで強調されたのは、政府ではなく、企業と家族による福祉であった。当時の大平首相は、日本型福祉社会構想について触れるなかで、何度も「家族の大切さ」を訴えた。単純化を恐れずにいえば、育児・介護ケアについて、自由主義路線では市場が、社会民主主義路線では政府があてにされるのに対して、保守主義（＝労働力縮小）路線では家族が重視される傾向がある。日本型福祉社会構想は、それをより明示的に打ち出したのである。日本型福祉「政策」ではなく、日本型福祉「社会」という言い方がなされた理由もそこにある。政府だけではなく企業と家族で生活保障を行うのだ、という考え方が込められているのだ。

日本型福祉社会構想は、当時の自民党が作成したパンフレット（タイトルはそのまま「日本型福祉社会」である）にその趣旨が書かれている。そこではスウェーデンが名指しされ、その福祉のあり方が非効率的で、かつ「家族関係を破壊する」として、はっきりと否定されている。極端な少子高齢化社会に陥ってしまった日本の現状から振り返ってみれば苦笑いしてしまうが、当時はたしかに日本的な福祉のあり方が北欧のそれよりも優れている、と主張しても受け入れられる空気があったのだ。

ドイツやイタリアなどの保守主義的国家においても、日本と同じような家族重視と性別分業の体制は強かった。これが、これらの国が保守主義レジームと名づけられた一つの理由である。しかし違いもある。たとえば「企業による福祉」である。一九七〇年代以降、日本の民間部門は、大企業の世界では内部労働市場を発達させ、中小企業については政府が援助するなどして、企業が雇用を維持し、雇われた男性とその家族の生活を安定させるという戦略をとった。これに対して欧米では職務単位の労働配分が行われ、外部労働市場が発達しているため、生活保障は企業ではなく政府の役割である、という意識が強い。ドイツやフランスなど、主要な大陸ヨーロッパ諸国の社会保障支出は日本よりもずいぶん大きいが、それは日本が「家族と企業」という二つの民間部門に福祉を任せてきたからである。この点にこそ、日本の路線の特徴があったといえるだろう。

## 非正規雇用の拡大という帰結

しかし政府から福祉を任せられた民間部門も、一九七〇年代以降のグローバル化と世界的な成長鈍化のなかで苦しい状態が続いてきた。その結果、企業は男性稼ぎ手の長期雇用を保障する余裕をどんどん失った。

そこで経営者団体（日経連）が打ち出したのが、「新時代の『日本的経営』」である。一九九五年に発表されたこの構想では、雇用を次の三つのグループに分けることが提言された。すなわち、「長期蓄積能力活用型」「高度専門能力活用型」「雇用柔軟型」である。このうち、最初の「長期蓄積能力活用型」は、従来の男性的な長期雇用キャリアを想定したグループであろう。最後の「雇用柔軟型」は、一九八五年の労働者派遣法の制定以来徐々に拡大してきたフルタイムの非正規雇用を想定したグループである。

問題は二つ目の「高度専門能力活用型」だが、これまでの雇用においてまとまったかたちで存在した例がない。日経連(当時)の発行したパンフレットには、専門部門(企画、営業、研究開発等)が対象で、雇用形態は有期雇用である、と書かれている。理系のエンジニア、文系の法務職・会計職など、高度な知識や資格を必要とする人たちが、その技能を活かして企業と数年間の契約を結びつつ、「ジョブ型」雇用のもとで働くようなイメージなのかもしれないが、日本の労働市場においてはいまひとつ想像できない。

結局、企業社会において目立った変革があったとすれば、それは非正規雇用の拡大であった。小泉政権時において派遣労働の規制緩和が進められ、これまでは無期雇用の一般職女性が担当してきたような業務を有期雇用の女性が行うようになった。オフィスに契約社員や派遣社員が増えはじめ、しかもその多くは女性だった。

こうして振り返ると、政府による「日本型福祉社会」にせよ、企業による「新時代の『日本的経営』」にせよ、何かしら明確な理念のもとで十分に練られた構想であるとはいいがたい。むしろ、外部的な要因、つまり経済動向に対する受動的反応なのではないか、といいたくなる。

一九七三年、田中角栄内閣はこの年を「福祉元年」と名づけ、日本の社会保障を欧米諸国並みに充実させようという意図で、医療・年金の水準を大幅に引きあげる方針を打ち出した。しかしその直後にオイル・ショックが発生して経済成長に陰りが見えると、すぐさま方針転換し、一九七九年に「日本型福祉社会」構想を打ち出して福祉の責任を政府の外、つまり企業と家族に託すことになったのである。一九九五年の「新時代の『日本的経営』」にしても、すでに限界が見えてきた「男性稼ぎ手モデル」を本格的に改めようという意図はなく、非正規労働の活用によって不振企業の延命をはかるものだったといわれても否定できまい。

このように、これまでの日本の福祉政治はその場しのぎ的なものだった。ただし一九八〇年代以降、どちらかといえば、日本の政治はヨーロッパ的な福祉国家を目指す路線を捨て去り、自由主義レジームに向かう力学のもとで動いてきたといえよう。

## 日本が目指すべき路線とは

では、これから日本はどの路線を目指せばいいのだろうか。

日本は極端な少子高齢化のなかで、分厚い高齢者層をかつてないほど少ない人数で支える必要がある。社会保障制度を維持するためには、働き手を増やすことが決定的に重要になる。したがって日本社会がこれから参考にすべき路線が保守主義の労働力縮小でないことは確かだ。では、自由主義路線と社会民主主義路線のどちらを参考にすればよいのだろうか。

結論からいえば、私自身は、政府支出の大きさを目標にし、いずれかの路線を「選びとる」ことが重要ではないと主張したい。重要なのはいかにして労働力を維持・拡大するのかであって、「大きな政府か、小さな政府か」はその結果として生じる状態だと考えるべきなのである。

日本社会がこれから期待できる労働力の供給源は、女性、外国人労働者、そして高齢者である。公平性や効率性をできるだけ損なわず、女性、外国人、高齢者が無理なく働いて、これまで税・社会保険料の主な担い手であった男性の社会保障の負担を分かち合うことが肝心だ。そのうえで、各レジームのどういった側面を参考にすべきかという議論をするのならば、気をつけるべき点がいくつかある。

たとえばアメリカは典型的な自由主義路線を歩んできた。しかしここで単純に「アメリカは市場に多くを任せるところで、規制も少なく、自由競争によって競争力を高めている」とだけ理解し、十分な思慮もなく規制緩和に突き進むと、大きな副作用に苦しむことになるだろう。アメリカでは外部労働市場が発達しており、スムーズな転職、スキル転換の機会も多い。そして何よりも、人種や性別による教育や雇用差別に対しては極めて厳しい禁止法制が存在する。アメリカの政策に学ぶのならば、アメリカ社会で労働力が具体的にどのように活用されているのかを詳しく知る必要がある。

またアメリカでは、特に「グローバルシティ」と呼ばれるニューヨークなどの大規模都市において、オフィスの警備や清掃、高所得労働者に向けた生活サービス（飲食店やケア労働など）を提供する大量の低賃金労働者が存在する。主に移民からなるこの層には十分な教育機会が与えられないため、格差が固定化する傾向がある、という深刻な副作用も存在する。

次に社会民主主義路線についてである。まず、単純に社会民主主義レジームの国々が「高負担・高福祉」だと考えるだけでは、これらの社会の仕組みを知ったことにはならない。政府の社会支出の大きさだけではなく、これらの国で労働力がいかにして拡大してきたのかを見るべきである。

すでに見たように、積極的労働市場政策の効果については、冷静に受け止める必要がある。失業者に対して政府が教育訓練を提供する仕組みは日本にも存在するが、これをそのまま拡充すればよいわけではない。日本の雇用は「メンバーシップ型」であり、労働者の教育訓練は各企業の内部で行う方針だった。この方向性は徐々に崩れてきているとはいえ、政府の教育訓練で仕事のスキルを身につけることで雇用される確率が高くなる分野は、まだ限られている。

また、北欧諸国で一九七〇年代以降、労働力、特に女性労働力が増加してきたのは公的雇用の拡大によるところが大きかったという点に留意する必要がある。たしかに日本はＯＥＣ

D諸国のなかでは極端に公的雇用の割合が小さく、これを増やす余地はまだあるという見方もできる。しかし民間経済からの税収が増えないかぎり、現状の財政では難しい政策であるといわざるをえない。

繰り返しになるが、今の日本において肝心なのは、他国の政策をそのまま真似ることではなく、労働力をいかに拡充するかである。そのためには、第3章で見てきたような無限定的な働き方や長時間労働の慣習を是正することが最優先であるといえる。そのうえで、規制緩和や公的雇用といった他国の政策の効果を個々に判断するのがよいだろう。

## 2 サービス職の特徴とグローバル化

### モノとサービスの違い

前節では「大きな政府か、小さな政府か」といった議論を最初にするよりも、労働力を確保するための具体的な方策を検討することが日本の当面の課題だ、と主張した。しかもその際の労働力は、税や社会保険料を負担できるだけの所得があることが望ましい。社会保障制度を維持するためという理由もあるが、政府の実入りが大きいほうが世帯間の所得再分配政策を実施しやすいから、という理由もある。ケアワークをして賃金を得ることと、家庭内でケアワークを（無償で）提供することの違いはここにある。家庭内で家族から提供されるサービス（家事、育児、介護）が充実すれば、たしかに家族のメンバーの福祉＝幸福は上昇するが、家族の壁を超えたお金の動きが増えることはないからである。

労働力の活用のためには、不況を脱却して余っている生産手段（オフィスや工場）と人材を最大限活用できる状況を、金融緩和等を通じて実現することが重要である。しかし、それだけでは解決しない問題も多い。ポスト工業化社会では、労働需要がサービス業に偏る傾向が強くなる。しかも社会が高齢化すると、サービス職の大半はケアワークになる。国民に十分なケアサービスをいかに効率的かつ公平に供給するのかは、先進国に共通した課題だ。そして、従来の経済政策が首尾よく適用できない課題でもある。

これまで先進諸国の経済成長を支えてきたのは、第二次産業、主に製造業における技術発展であった。もちろん資本（事業につぎ込まれるおカネ）や労働力（日本は団塊の世代がこれを担った）といった要素も大きいが、少なくとも製造業部門には、機械化やＭＥ（マイクロエレクトロニクス）化によって生産性が大幅に拡大する余地があった。

脱工業化段階においても、情報機器・通信産業は技術発展の余地が大きい。また、金融部門は一九七〇年代以降の資本の国際移動の活発化にともなって、総じて高い収益率を維持している。したがって問題はサービス業全般というよりも、対人サービス業なのである。一部の対人サービス業は、効率化によって生産性を上げることがなかなか難しい。その典型がケアワークだ。

そもそもモノとサービスの違いは、保存して持ち運べるかどうかにある。スマートフォンは、ある場所で集中的に製造して、品質を落とさずにそれを世界中に運ぶことができる。集中して生産することで効率化を成し遂げ、また労働コストが低い国で生産して価格を下げることもできる。しかし育児や介護労働などのケアサービスではそうはいかない。こういった対人サービスは、それが生産される時間・場所と、消費される時間・場所が同じでなくてはならない。

もちろん広義にとれば、ケアサービスのすべてがそういった特性を持つわけではない。家事（育児でも介護でもある程度そうだが）の大きな部分を占めるのが食事の準備と後片付けである。この労力を劇的に減らしてくれるのが外食や加工食品だ。調理サービスは（多くの外食サービスがそうであるように）少なくとも最後の仕上げについては生産と消費の同時性が重要になるとはいえ、冷蔵・冷凍技術の発達で今や莫大な量が流通するようになった加工食品は、おおむね通常のモノのように生産・消費されている。

しかしそれでもこのような「効率化」は、テレビやスマートフォンの場合と違って商品の質を大きく損なうものだと考えられている。テレビの場合、その場で組み立てないとその価値が損なわれる、ということはもちろんない。家電量販店でテレビを購入するとき、「型」の古さを気にする人はいても、同じ型で製造年月日が新しいものを欲しがる人はあまりいないだろう。

## ケアサービスの効率化はなぜ難しいのか

このように、家事・育児・介護といったケアサービスには生産と消費の同時性という縛りがある。

家事労働の多くは、生産（サービスの提供）と消費が同時であることに大きな付加価値が生まれる。食品についても、工場で生産されたもののほうが質がよいとなれば、家庭の夕食はとっくの昔にコンビニ弁当に支配されているだろう。対人サービス業は、生産と消費の時間と場所が近いことによってその価値が上がるのだ。ここに、ケアワークの多くがいまだに多くの先進国でも家族内部で提供されている理由がある。

むろん、水道・電気・ガスの普及や電子レンジ・洗剤の発展など、家事的サービスのコストを急激に低下させてきたインフラ・技術の発展もあるが、人々の生活水準、つまり食べるものの質や住む場所の清潔さに求める要求水準が高まったこともあり、家事の負担は現在でもそれなりに重い。「冷たい食事」「レンジでチンする夕食」といった言葉に含意されるように、食事の準備には人的な交流の意味が込められることもあり、その場合には「コストを減らす」こと自体がサービスの価値を落としてしまう。

同じような例は教育サービスにもあてはまる。教育は、書籍や視聴覚教材のように「モノ」として流通している部分もあるが、一般的には対面的な授業のほうが価値が高いとされる。そして（実証的には常に支持されているわけではないが）「少人数教育」のほうが効果が高いという見方が強い。すべての教育にあてはまるわけではないが、教えられる個々人の多様性に即していればいるほど、教育の効率は高まると考えられるからである。大学の授業にしても、四〇〇人を相手にした授業と五〇人を相手にした授業ではそれほど教育効果の違いはないかもしれないが、これが二〜三人を対象にした少人数指導となれば、おそらく大きな効果が期待できる。

さらに、育児においては「人格の交流」に価値が置かれるため、「同じ品質」のサービスでも、それを「誰が」提供するかで価値が大きく左右される。同じ「授乳」でも、母親が行うのか他の誰かが行うのかに全く違いはない、と割り切れる人は少ないはずだ。介護においてもある程度は同じことがいえるかもしれないが、育児ほどではないだろう。したがって、ケアワークの外部化（家族以外の誰かが担うこと）は育児よりも介護において先行している。

医療サービスをケアサービスに含めるかどうかは定義によるが、医療部門は家事・育児・

介護といった通常の意味でのケアサービスとは異なった独自の動きをする。しかもそれは、製造業とも異なった論理で動いている。どういうことかといえば医療分野では技術革新が頻繁に生じる点では製造業に近く、通常のケアサービス部門とは異なる。一方、技術革新が必ずしもコストの低下をもたらさない点で製造業とも異なる。むしろ近年の先進各国における医療コストの増大は、高齢化の影響というよりも医療技術の進歩の結果なのである。従来は難しかった病気の治療、延命技術などに使われる医療機器や医薬品、それらの開発費は莫大な金額になるので、社会保険制度なしでは通常の収入の人にはとうてい利用不可能なサービスとなってしまう。なぜこうなっているのかといえば、要するに人命をお金で買うことはできないと多くの人々が考えるために、ある程度採算を度外視した仕組みができているからであろう。

医療部門は特殊としても、対人ケアサービスの価格が技術革新によって下がる余地が小さいのは、まさに「人」がその時間、その場でサービスを提供する必要があることからきている。最近は介護においてロボットやパワーアシスト装置を活用する研究が進んでいるが、ここでは（医療部門と同じく）技術がむしろコストを高める。技術革新がサービスを効率化して価格を下げる効果については、少なくとも当面は期待できないだろう。

以上のように、ケアサービスを効率的に生み出す仕組みをつくることは、その本質が対人サービスであるかぎり簡単ではない。このことを認識しておくことは重要だ。なぜなら、ケアサービス業が成長産業だと考えられてしまうことがままあるからだ。なぜこういった「誤解」が生じるのかといえば、高齢化によってケアサービス業界が旺盛な労働需要を生み出すからであろう。しかし労働需要があるからといって、その業界が高い生産性を実現し、人々の生活をより豊かにするとは限らない。世界的に見ても、ケアワーカーの所得は決して高いものではない。アメリカやカナダでは比較的安価な移民労働力がケアサービスの需要を満たしているし、スウェーデンでは公的にケアワーカーを雇用することでなんとかそれなりの所得水準を実現しているにすぎない。

製造業においては、市場メカニズムがうまく機能するようにお膳立てできれば、自然と生産性が高まることが期待できた。しかしケアサービスは決してそのようなタイプの産業ではない。自由主義の国がある程度ケアサービス需要を満たすことができているのは、移民労働力があってこそである。社会民主主義の国でも、ケアワークにかかるコストの縮減は常に政府の優先的課題であった。どこかに「うまくいっている」国があるから、そこから制度を持ってくればよい、という話ではないのだ。

## 同時性と同場所性が要求される仕事

さて、ケアサービスではないが、提供される労働の場所が、その労働の成果が享受される場所と同じ必要がある仕事がある。建設業である。建設業は建物（不動産）を製造する製造業の一種であるが、テレビや冷蔵庫の生産と違って、その建物が建てられる場所での労働が必要になる。テレビは労働コストが安い地域で生産して輸入することで価格を抑えることができるが、建物を遠く離れた場所でつくってそれを輸送することは（少なくとも現在の技術水準では）不可能であるか、可能だとしても採算が合わないだろう。実は日本において政治と建設業が強く結びついてきた理由の一つも、建設業のこのローカルな特性にある。生活を豊かにする製品が他の地域でつくられたものであることは、消費者としては大きな問題ではない。しかし政治家にとっては、それではあまり意味がないのである。

同時性と同場所性（ローカル性）が意味を持つ労働は、実はほかにもたくさんある。というより、比較的定型的な労働（たとえば工場での組み立てライン作業）を除けば、同時性・同場所性が価値にならない労働のほうが実は珍しいともいえる。さらに、こういったタイプの労働は二極化する、としばしば指摘されている。

たとえば高度専門職はなかなか効率化できない。弁護士は顧客の置かれた固有の状況を十分に把握して対応しなければならない。会計士も、クライアント企業の固有の財務状況に対応することが求められているのであって、ソフトウェアで処理できるようなルーチンワークをしているわけではない。このような対応すべき状況の固有性、やりとりすべき情報の複雑さゆえに、特にビジネス系の高所得人材の職場は（情報通信技術が発達した現代でも）大都市圏に集中するのだ、という見方もある（Sassen 2001＝2008）。微妙なコミュニケーションを行うためには、対面でのミーティングを重ねる必要があると考えられているからだ。

先ほども触れた「グローバルシティ」と呼ばれる大都市（ニューヨーク、ロンドン、東京など）には国際企業に勤務する高所得労働者が集まるが、それにあわせてその人たちに労務サービスを提供する人々もやってくる。ニューヨークやロンドンにいくとわかりやすいが、経済後発国からの移民が大都市のビルの清掃、警備、外食サービス等の労働力を供給している。場合によっては育児サービスも移民労働力があてにされる。大都市に居住する共働きの夫婦は、夫婦合わせると極めて高いレベルの世帯収入を得ているとはいえ、ケアワークは彼らにとっても本来高コストなものである。安価な移民労働力をあてにできるからこそ、購入できるのだ。

移民の労働力は、このように多少なりとも同時性や同場所性が要求されるモノ・サービスの提供において特に必要とされることが多い。日本ではこれまで、高度専門職（大学教員やプログラマなど）において部分的に移民労働力が活用されてきた。企業や大学での技術職（エンジニア）、研究職、いってみれば理系の職場である。しかし現在移民労働力が渇望されているのは、介護サービス業と建設業である。

## 移民と日本的働き方

移民先進国に比べ、日本の基幹労働力に移民が浸透しない理由の一部は、日本の働き方の特徴にある。日本的働き方、正確には日本の男性的な働き方についてはすでに説明してきたが、ここでは別の言い方でもう一度解説しよう。

「サラリーマン」という、ある意味で不思議な言葉が日本の男性労働者を指す言葉になっていることに注目してみたい。サラリーとは給与のことなので、法律事務所に雇用されている弁護士も、病院に雇用されている医師も、大学に雇用されている教授も、そして警備会社に務めているビル警備員も、同じくサラリーマンと呼ばれても不思議ではない。しかし、こういった職務についている労働者を指して、私たちはサラリーマンという言葉を使わない。夫が法律事務所に雇用されている「弁護士」である場合、妻は夫の職業を友人に「サラリーマン」と伝えることもできるが、そう伝えられた友人が具体的な職業を知ったときには違和感を覚えるだろう。

実は、私たちは職務内容がある程度限定されている労働者については、その職務の名前で職業を表現し、限定されていない場合には「普通のサラリーマン」、あるいは単に「会社員」

と表現するのだ。この職務内容の無限定性は、第3章で詳しく説明したように、特に日本において広く普及した働き方だ。日本の「正社員」は、入社する前に職務内容が限定されることがほとんどない。「社員」は会社のニーズに応じて、柔軟に職務内容や勤務地を変えながら働き続けるのである。そのため、日本企業では採用や昇格・昇進にあたって周囲への適応能力、コミュニケーション力といった抽象的・潜在的な能力が重視される。

このため、日本企業は基幹労働力、つまり「総合職」として外国人を雇うことを避ける。様々な職務に柔軟に対応できるスキルに欠けると思われてしまうからだ。ただ、もしその外国人が日本の大学などで一定期間の教育を受けている場合には、採用する可能性が多少高くなる。しかしその場合、「教育を通じて得た知識やスキル」が買われているのではなく、一定期間日本で生活しているということが、前述した抽象的な能力の証になり、不定形な働き方にフィットすると考えられるからである。また、職務無限定的な総合職ではなく、研究・技術職であれば移民労働力がすでにある程度受け入れられている。そういった限定的な働き方であれば、職務内容に柔軟性が求められず、コミュニケーション力や潜在能力を重視する必要が（相対的に）小さいからである。

職務限定的な職業の「もう一方の極」である単純労働についても、同じ論理が適用される。アルバイトに典型的な単純労働職では、たいていの場合職務が限定されているために、移民労働力が活用されやすい。外食産業やコンビニのアルバイトには、留学生や外国人労働者がすでに多く活用されている。

高度な知識やスキルを必要とする限定高度専門職（研究・技術職）と、単純作業を行う労働者のあいだにあるのが、ケアワークや建設業の労働者である。これらの職業では、職務にある程度の熟練や専門性が要求される一方で、同時性やローカル性も必要とされるため、移民労働力の活用拡大が検討されているのである。

このように、「労働市場のグローバル化」と一言でいっても、仕事の特徴や内容に応じて多様なかたちがあることに留意すべきだ。単純に外国人労働者に門戸を開け放っても、「サラリーマン」のように働き方の特性上参入に根本的な困難がある仕事もあれば、同時性といったサービスの特徴から（その職務に移民労働力がマッチしているのかどうかとは別の要因で）ニーズが高まっているものもある。

### これからの合意形成に向けて

この章では、社会政策学の分野で基本的な理論となっている「福祉レジーム論」をもとに、政府の役割を重視する社会民主主義、市場の役割を重視する自由主義、家族と男性稼ぎ手の地位を重視する保守主義というカテゴリーを紹介し、日本はそのどれにもあてはまりにくいこと、日本の特徴が「企業と家族」による福祉として位置づけられることを最初に確認した。

そのうえで、少子高齢化に直面した日本の行く末を考えるうえでは「労働力の維持・拡大」が優先的課題になること、そのためには「大きな政府、小さな政府」という二分法にとらわれないことが肝心だ、と述べてきた。かつて大陸ヨーロッパ諸国がとった労働縮小（保守主義）路線は、これからの日本の「モデル」にはなりえない。かといって、自由主義路線や社会民主主義路線をまるごとお手本とすることもできない。

生産性の劇的な向上が見込めないケアワークの供給問題については、各国とも完璧な対応ができているわけではない。経済成長が鈍化した世界で生活保障を維持する際には、大なり小なり何らかのひずみが生じる。自由主義レジームにとっては貧困の固定化や格差の拡大であり、社会民主主義にとっては大量の女性の公的雇用を通じた性別職域分離である。

このような状況では、何らかの「正解」があるわけではない。労働力を増やすためには女性、外国人、高齢者を労働市場に組み入れるしかないし、あわせて日本のサラリーマンに浸透した「専業主婦のいる男性の働き方」を変えるしかない。そのためには、前章でも主張したように、職務内容、労働時間、そして勤務地が限定された仕事を拡大する必要がある。もちろんこれには働き方の大きな変革がともなう。これまで企業が積み上げてきたもろもろの資産や人事のノウハウを活かせるとは限らないため、副作用も大きいだろう。

企業経営にしろ政治にしろ、正解が見えない場合には、何らかの合意を作りあげ、そこにコミットするしかない。国として何を重視して、何をある程度壊していくのかについて、最低限の共通理解を構築することなしに、その場しのぎで応急措置を続けていく余裕は日本にはない。

国の行く末について合意形成を模索することの重要性は、決して軽視すべきではない。働き方や社会保障制度の改革が急務だからといって、合意形成という回り道をせずに特定の政治家を信任しすぎるようなことがあれば、これまでのようないきあたりばったりの制度づくりになってしまうだろう。

効率的に合意形成を行うためには、正しい現状認識が欠かせない。本章では、「大きな政府と小さな政府」という認識枠組みが現状の把握にとってあまり役に立たないことを示してきた。労働力を増やす路線を模索するという本章の提言がどこまで妥当かを含めて、議論すべき点はたくさん残されている。

# 第5章　家族と格差のやっかいな関係

## 1　家族にどこまで負担を負わせるか

### 家族に残る二つの機能

第3章と第4章では、労働や雇用について重点的に話をしてきた。この章では、他方の極である家族に焦点をあてる。

第1章で、現在の先進国のかたちをつくりあげたのは工業化であったと論じた。工業化により、私たちは工業化以前の社会に比べて格段に様々なモノに囲まれた生活を送るようになった。ほとんどの人は生活に最低限必要な分をゆうに超える種類の衣服を持っており、自動車、家電製品、通信機器などは、貧困ライン以下の人々にもいきわたるほど普及している。

他方で、近代化は広義のサービス労働の領域にも及ぶ。子育て、教育、食事準備、清掃・洗濯、娯楽、病気の治療などは、かつてはその大部分が家族あるいは家族を内包する村落共同体の内部で提供されるものであった。しかし現在では、人々はこれらのサービスを「外部社会」から（も）調達することができる。外食産業やクリーニング、そして保育所を想像するとわかりやすいだろう。提供主体は政府と市場（民間企業や自営業者）である。家族や共同体のなかで果たされてきた様々な機能（モノづくり機能、サービス提供機能）が外部に移行され、外部組織（政府や企業）に雇用された人々がモノやサービスを購入するようになってきたのである。

このような動きがどんどん進むとすれば、家族のかたちはどのように変わっていくのだろうか？

社会学者のパーソンズは、近代化のこのような動きを「機能分化」として捉え、様々な機能が社会の様々な部門によって担われるようになる、と考えた。そして、家族をその部門の一つとして位置づけたうえで、家族の機能には二つのものがあると考えた。「成人のパーソナリティの安定」と「子どもの基本的社会化」である。パーソンズはこれら二つの機能を、夫のみが主な稼ぎ手となる核家族において女性（妻）が提供するものと考えていたようだが、たとえ本格的な共働き社会になっても、上記の二つの機能はもっぱら家族内で提供されるサービスとして残りそうなものである。

「成人のパーソナリティの安定」というとわかりにくいかもしれないが、ここではさしあたり「心理的なサポート」だと考えるとよい。社会調査の結果においても、私たちの幸福度は、日々悩みを聞いてくれる相手がいるかどうかなどのメンタル・サポートに大きく影響されることがわかっている。もちろんメンタル・サポートは家族ではない友人や恋人から得ることもできるが、定期的に接触があること、比較的長い期間生活をともにして相手の置かれた事情を理解しやすいなど、メンタル・サポートの提供という点では有利な条件があり、現在でも家族が重要な提供源となっている（筒井 2008）。

「子どもの基本的社会化」についても、たしかにいくら保育サービスが充実している国であっても、子育ては基本的に親が行うものであり、家族の機能として明確に残されているといえよう。

## 外部化の限界

とはいえ、現実の家族、市場（民間企業）、政府の関係はパーソンズの理論どおりの動きを見せているわけではない。つまり、メンタル・サポートと基本的な育児の機能を残して、家事や介護などの機能がすべて外部化されてはいない。

たしかにアメリカの共働きカップルのうち、夫も妻も所得上位層に属するようなカップルのなかには、戦後の共働き夫婦が伝統的に家庭内で提供してきた機能の大部分を外部から購入するようなケースもあるだろう。食事は基本的に外食で済まし、育児もかなりの部分をベビーシッターに任せ、家事についてもハウスキーパーを雇用する、といったライフスタイルである。しかし同じアメリカでも低所得者層のシングルマザーとなると、そういったサービスを外部から購入することは不可能だ。働きながら育児をする必要があるためにフルタイムの仕事に就くことが難しく、そのために所得が低いままにとどまり、育児サービスを購入することができないという「貧困の罠」にはまってしまう。

シングルマザーのケースに言及するまでもなく、サービスの大部分を外部から調達しているような「パワフル・カップル」は先進国でもごく一部にとどまる。大半の人々は家事、子育て、そして介護サービスの少なくない部分を家庭内で調達している。なぜモノの生産と違って、サービス労働は外部化が徹底されていないのだろうか?

第1章でも述べてきたが、モノの生産が外部化されることによって、つまり工業化が進むことによって、私たちは格段に豊かな生活を送ることができるようになった。たいていの場合、モノの価格は民間企業が大量生産を行うことでどんどん下がっていき、それによって以前ならば裕福な人しか手に入れられなかったモノ（自動車、エアコン、パソコン等々）が一般的な世帯にもいきわたっていくのである。しかし、第4章で詳しく述べたように、サービス労働となると話が違う。伝統的に家族が提供することが多かった育児、家事、介護という主に家庭内で提供・消費されるサービス労働については、組織（民間企業あるいは政府）が提供したからといって一気に低コスト化が進むようなものではない。

モノやサービスの実質価格の下落においては、一般に生産効率性と労働コストが大きく影響する。一九七〇年代までは日本も他の先進国に比べて賃金が安く、また円安の影響もあって民間の輸出部門は大きな利益をあげることができた。そして機械化による生産効率の上昇も無視できない要因であった。工業化によって国内の所得水準がめざましく上昇し、労働コストが高くなると、企業は賃金の安い海外で生産を行うようになり、先進国の国民は以前よりも低価格で製品を購入できるようになった。

家庭内サービス労働についても、国内に農村地域や都市の低所得者層が厚い場合には、比較的裕福な家庭で「家政婦」を雇用するケースが多く見られた。しかし現在の経済先進国の一部では、移民のケアワーカーがサービスを提供している。アメリカは中米やフィリピンから、台湾・香港・シンガポールはフィリピンやインドネシアから、大量のケアワーカーを受け入れている。ただ、ケアワーカーの労働コストの抑制には限界がある。というのは、第4章でも述べたように、ケアワーカーのサービスは「その場」で生産・消費されるので、ケアワーカーは先進国のなかで生活する必要がある。そのため、現地で展開できるモノの生産のケースほど賃金が下がらないからである。

このような理由から、これからもケアワークが全面的に家族から外部化されるような事態はどの国でも実現しないだろうと予測できる。パーソンズが家族の機能として挙げたメンタル・サポートと子どもの育成はもちろん、その他の家事労働やケア労働についても、家族によって提供される状態が続くであろう。

とはいえ、コストのかかるケアワークを家族、企業、政府のあいだでどのように配分するのか、負担を分かち合うのかについて議論すべき点は多い。この配分がうまくいかないと社会的な損失が生じることもある。

### ケアワークをいかに分担するか

ケアワークをどのように配分すべきかについては、「これだ」という特定のよいモデルがあるわけではない。「自宅で使うテレビは自宅で生産したほうがよいかどうか」で合意が得られないということはないだろう。テレビは当然、工場で集中的に生産したほうがよいに決まっているからだ。しかしケアワークを家族、企業、政府、その他（地域や非営利団体）のどのセクターがどの程度提供するのがよいのか、ということについては合意が得られにくい。ここから、先進国のなかでの違いが生じる。

極めて大雑把なくくりでいえば、アメリカは社会サービスの供給においても市場重視であり、民間企業や個人が提供するケアサービスをそれこそ「購入」する人が多い。スウェーデンではケアサービスの提供において政府、特に地方政府（コミューン）が責任を持っている。一部民間委託をすることもあるが、その場合でも地方政府が最終的に責任を持つことが法律で定められている。

日本では、介護保険制度や保育サービスが一応整備されており、ケアワークが「脱家族化」される条件が整ってきた段階である。しかし年金など高齢者に直接移転されるお金を除けば、家族に対する社会保障支出のレベルはOECD諸国で最低レベルである。図5-1は、横軸に主要国のGDP比の家族関連社会支出、縦軸に同じくGDP比の高齢者向け社会支出をプロットしたものだ。一九八〇年のデータと、約三〇年後の二〇〇九年のデータを使っている。縦軸を見ると、この五ヵ国のなかでは日本の高齢者向け社会支出（主に年金である）の伸びが突出していることがわかる。他方で家族関連社会支出（主に子育て世代向けの社会支出）は、三〇年間で多少伸びているものの、アメリカ以外の国とはいまだに大きく乖離《かいり》して

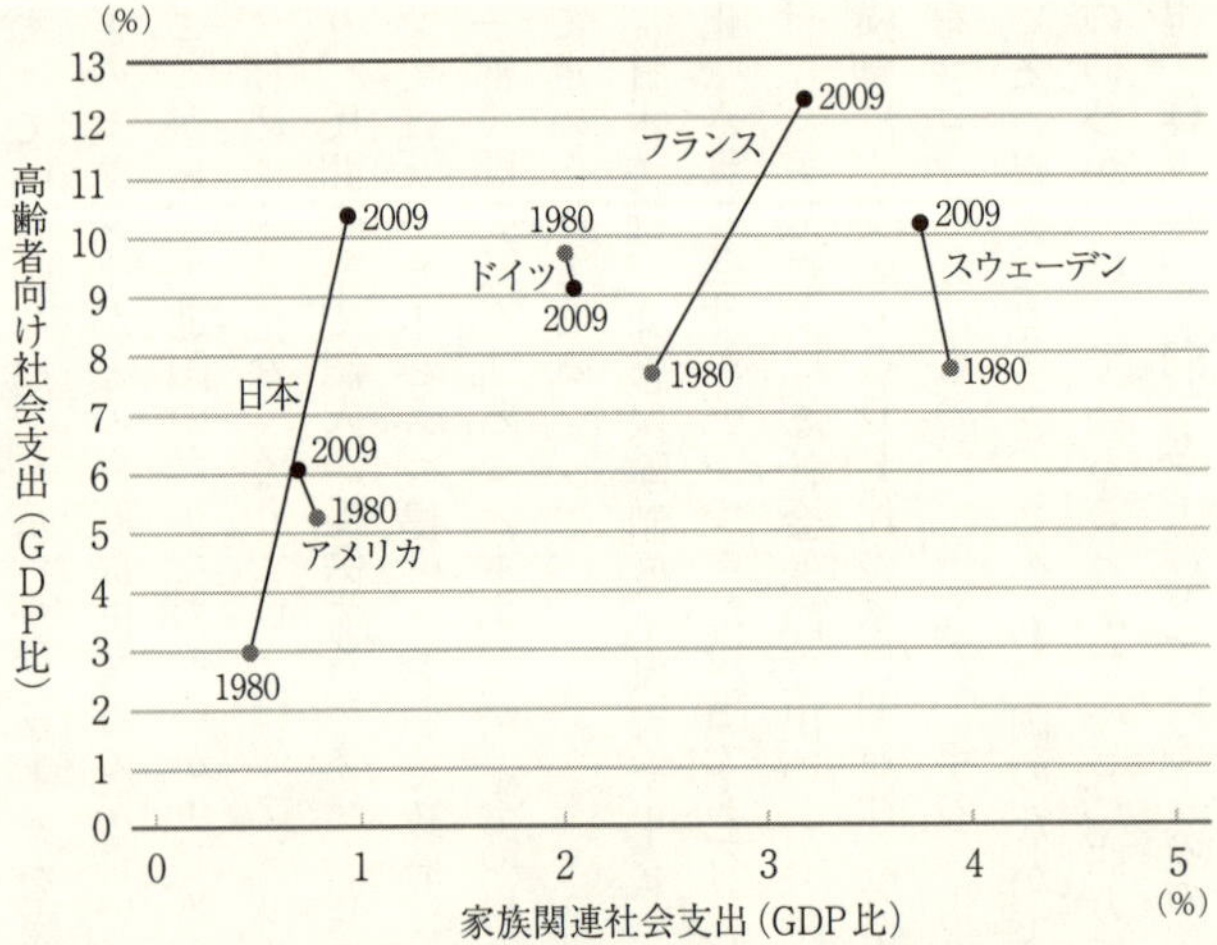


**図 5-1　OECD諸国における家族関連ならびに高齢者向け社会支出**（データ：OECD Social Expenditure Database〔2014〕より筆者作成）

いることがわかる。高齢者ケアのニーズが高まっている一方、女性がフルタイムの仕事と家庭を無理なく両立できるほどに育児関連のケアワークが外部化されているとはいえない。

ケアワークを市場と政府に外部化するうえでの制限の第一に挙げられるのは、コストである。市場から調達する場合、購入者がどれほどケアサービスの購入にお金をかけられるか、そして市場が（移民労働力を活用するなどして）どれほど安価にケアサービスを提供できるか、がポイントになる。日本においては、富裕層や共働きのパワフル・カップルに限ればケアサービスを購入する余力があるかもしれないが、現在のところフルのケアサービスを毎日購入するとなると、その価格は極めて高額になる。他方、政府による提供の場合の障害となるのは主に財源不足である。

## 「家族主義」が家族をつぶす

コストの問題とは別に、福祉サービスを誰が提供すべきか、という価値観の問題もある。「日本型福祉社会」構想の言説においても見られたのだが、家族が提供してきた福祉（ケアワーク）を公的な主体が担うことについて、「家族を破壊する」という対抗的主張がなされることがある。ケアする―される関係を通じて家族の絆が維持されるのであり、これを公的な領域に移してしまうと、絆が弱まり、自殺率の上昇や高齢者の孤立した生活という病理的事態を引き起こしてしまう、というのである。

財源の問題は依然として福祉の外部化にとって厳しい条件であるが、少なくとも「福祉の外部化が家族破壊を招く」という主張が全くの杞憂《きゆう》であることは、事実関係の推移が証明している。先の図で示したように、過去三〇年でスウェーデンは相対的に高い家族関連支出の水準をほぼ維持させてきた。一方、日本は高齢化にともなって年金支出が増えただけで、家族支援のための社会支出の水準は依然として低いままだ。要するに、高齢者向けにせよ、その他のものにせよ、家族を支える社会支出はスウェーデンのほうが高水準なのである。

この間のスウェーデンの自殺率は、たしかに一九七〇年代頃には日本よりも高かったが、以降は一貫して下落傾向にある。これに対して日本の自殺率は一九九〇年代の後半から高い水準で推移しており、二〇〇〇年代にはスウェーデンの二倍近い値になってしまった。出生力も（同棲と結婚を合わせた）カップル率も日本よりスウェーデンのほうが高い。高齢者一人あたりのケアワーカーの数はもちろん、高齢者が家族とコミュニケーションをする頻度も、決して日本より低いわけではない。厚生労働省の『平成二三年版高齢社会白書』によれば、六〇歳以上の高齢者が別居している子と接触する頻度（直接会ったり電話で話したりする回数）について、「ほとんど毎日」と回答した人の割合は日本では二〇・六％であるが、アメリカでは四六・三％、スウェーデンでは三一・一％である。「脱家族化」が社会の混乱をもたらすという「日本型福祉社会」構想の予測は全く外れたといってもよいだろう。

要するにこういうことである。家族が担ってきた機能を（政府にしろ市場にしろ）その外部が担うことは、家族の負担軽減につながる。そうすると、家族そのものをつくり出すカップル形成と出産という二つのライフイベントが生じやすくなり、結婚後の介護不安なども緩和される。

もちろん、家族支出の多さがそのまま家族の負担の小ささと同じである、というわけではない。アメリカの例もあるように、家族に対する公的な支援が大きいか小さいかは、カップル形成や出産にとって唯一の条件ではない。重要なのは、社会全体で家族をサポートする意識や制度があるかどうかである。日本で展開された「家族重視」の福祉は、すでに見てきたように福祉の供給源としての家族に期待する、というものであった。しかし真に「家族重視」の政策とは、家族の責任を重くして負担を負わせ、結果的に人々を家族から離れさせてしまうものではあるまい。そうではなく、家族の負担を軽減することで、人々が家族を形成したいと望んだとき、それを阻む障害を小さくするものであるべきなのだ。

## 2　家事負担の平等化はなぜ進まないか

### 家事分担の理論と現状

工業化とポスト工業化のなかで、家族の機能の一部が外部化されてきたとはいえ、いまだに多くのサービスが家族内部で提供されている。このような現状を受けて、家族社会学では「夫婦間の家事分担」の公平性についての研究が盛んになされてきた。サービス産業化と高齢化という二つの大きな社会変化にともなって女性の雇用労働力化への圧力が高まれば、家族内のケアワークの配分の再編成も当然進むはずである。しかし現実はそうなっていない。

家事分担研究の最も基本となる枠組みには、以下のようなものがある。まずは時間制約に着目する理論である。夫婦のうち、仕事をしていない時間が長い者のほうが家事を多くこなしているのではないか、という理屈である。これは日本のデータでも実際に広く確認されている傾向である。次に収入に着目する理論がある。これは、たとえ労働時間が同じでも収入が多いほうが家事を免除されているのではないか、という理論で、こちらもたいていの場合あてはまると考えられる。

以上の二つが有名だが、家族社会学では他にも家事分担を説明する理論を多く検証してきた。子育て中、妻が子どものケアをしなければならないので、その間は夫が掃除などのほかの家事を多く手伝うようになるという仮説や、「夫は外で稼ぎ、妻は家庭の面倒を見るものだ」という性別分業態度を強く持っていると、夫は家事をしなくなり、妻は多く家事をするようになる、という仮説などがある。これらも多くの研究で経験的に支持される。

しかしこれらの研究が一種の限界に突きあたっていることもまた確かである。たしかに、労働時間が短いほうが家事をする、収入が少ないほうが家事をする、などのいくつかの要因が実際に効果を持つことは確認されてきたものの、日本国内の夫婦に限った場合、これらは家事分担の夫婦間格差のほんの一部（たいていの場合、一割に満たない）しか説明できないのである。つまり、「日本人男性が欧米諸国の男性と比べて家事をしないのは当たり前だ、労働時間が長いからやりたくてもできないのだ」というよく聞かれる主張は、統計学的にはあ

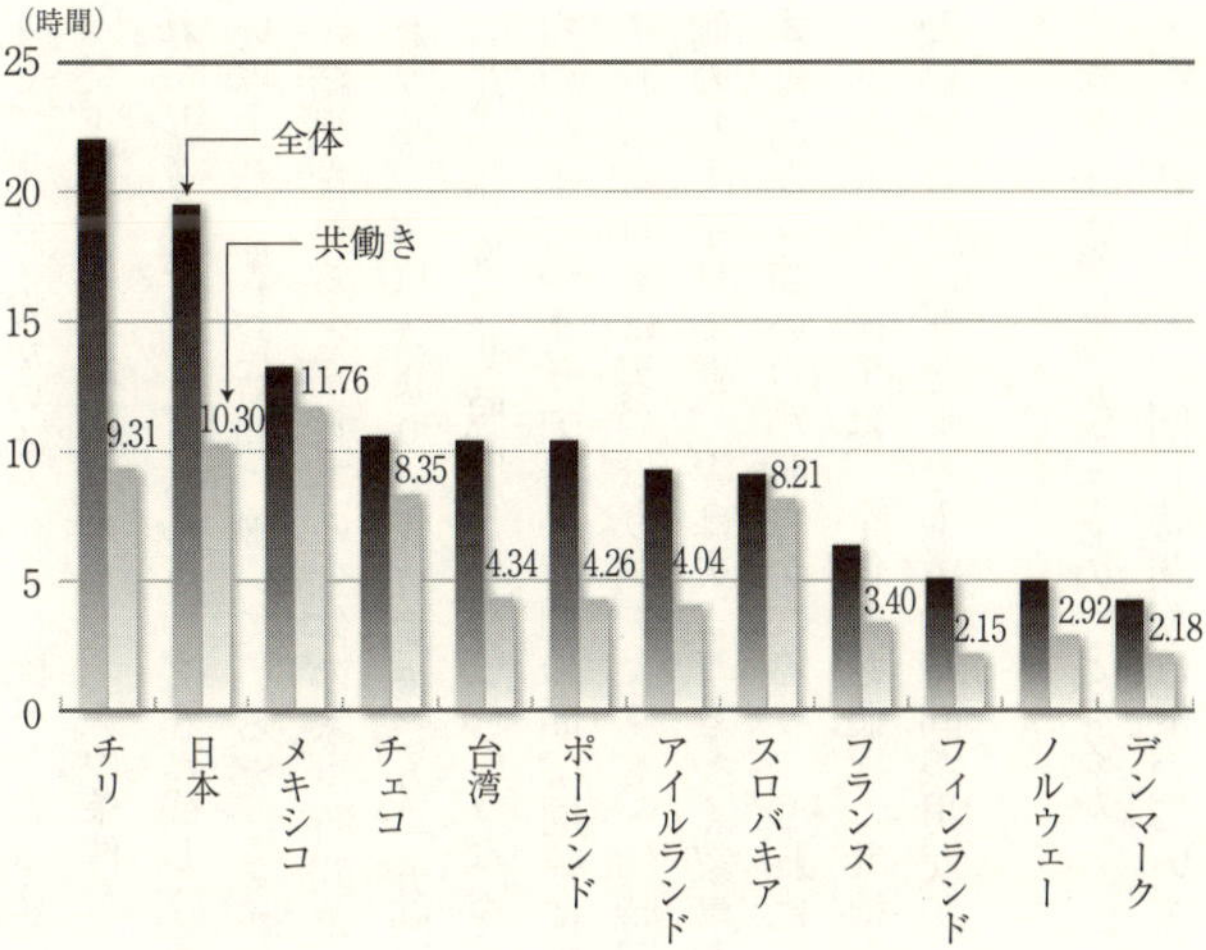


**図5-2　共働き家庭における夫婦の週あたり家事時間の差**（妻家事時間－夫家事時間。データ：ISSP 2012より筆者作成）

まり支持されないのである。

事実、国際比較の観点から見ると、日本の男性は労働時間の割には家事をしていないことがわかる。図5-2を見てほしい。これは、週あたりの夫婦あるいは同棲カップルの家事時間の差を見たものである（残念ながらアメリカ、スウェーデン、ドイツのデータはない）。各国のグラフの左側のバーは、夫婦の家事時間の差の平均値である。これに対して右側のバーは夫婦の条件をそろえたうえでの家事時間の差の平均値である（具体的には、夫婦ともに年齢は三五歳から五九歳まで、同じく夫婦ともに週あたり三〇～四五時間働いているケースのみを使い、妻のほうが夫よりも収入が多いと申告しているケース、そして未就学児がいるケースは除外したうえでの値。本来ならば夫のほうが妻よりも収入が多いカップルも除くのがよいだろうが、この条件を入れてしまうと欧米諸国でもほとんどの夫婦が除外されてしまうため、これらのカップルは残してある)。つまり、夫婦が同じくフルタイムで(あるいはそれに準じた時間)働いているカップルに限定した場合の家事時間差といえる。

結果を見ると、日本の全体の家事時間差(左のバー)は他国に比べてかなり大きいことがわかる。妻は夫より、実に週あたり一九時間以上も多く家事をしている。これだけ見ると「日本の男性は長時間労働だからこうなるのだ」といいたくなるかもしれない。しかし次に右のバー、つまり夫婦が時間の面で同等に働いている共働きカップルについて見てみよう。それでも日本は妻のほうが夫よりも一〇時間程度多く家事をしている。たしかに他の国の右側のバーを見ても、妻は夫よりも多く家事をしていることがわかる。しかし、その傾向が日本はかなり強いのが明らかだろう。これに対して「男女平等」が進んでいるといわれるフランスや北欧の国では、全体の数値と「共働き」カップルの数値が日本ほど大きく乖離していない。これは、そもそも労働時間が男女でそれほど大きく違っていないからである。

### なぜ「家事は妻がやるもの」となるか

いずれにしろ、同じ時間だけ働いていても日本では夫婦間に大きな家事分担の差がある。

すでに述べたような性別分業態度の影響もあるだろうが、そもそもなぜ（同じ時間だけ働いていても）「家事は主に女性がやるものだ」という意識を日本人が強く持ってしまうのかという疑問は残る。

家族社会学のいくつかの研究は、この問いへの答えを示してくれている。一つは筆者が不破麻紀子と共同で行った研究で、人々が家事分担について感じる「不公平感」を分析したものである（不破・筒井 2010）。これは、客観的な不公平の度合いが同じでも、それを不公平だと感じるかどうかは人や国によって違うのではないか、という点に着目したもので、結果を簡単にいえば次のようになる。すなわち、欧米諸国では家事分担が妻に偏ると妻は不公平感を表明しやすくなるが、日本など妻がほとんどの家事をしているような国では、妻が多く家事を負担しても不公平感を強めないのだ。

この結果は、人間が不満を感じる基準が、自分の周囲の状況に照らして設定されてしまうことによって説明できる。誕生日に特に何もイベントがないような家庭に育ってしまうと、結婚したあとに配偶者が誕生日に何もしてくれなくても大きな不満は持たないかもしれない（その逆だとかなりの惨状が予想できるが）。有給休暇をほとんどとれない職場環境しか知らなければ、そんな奇妙な職場に不満を感じる人は少なくなるだろう。同様に、日本では「家事は妻がやるもの」という考え方が浸透してきたため、欧米人からすれば許容しがたい不公平があっても、日本人女性は「そんなものだ」と受け入れてしまうのだろう。

別の説明もある。小笠原祐子（2005）は、夫婦の「生計維持分担意識」を分析の対象とした。それは、より広くいえば働くことの「意味」、より正確には有償労働の意味に着目したものだ。私なりに解釈すれば次のようになる。たとえばここに「同じ時間だけ働き、同じくらい稼いでいる」何組かの夫婦がいるとする。そのなかには、将来にわたってお互いが仕事を続け、家計をともに支え続けるのだという意識のもとで働いているカップルもいれば、「妻は今はフルタイムで働いているが、子どもが生まれたら妻のほうが仕事を辞めるだろう」という意識で共働きをしているカップルもいるだろう。前者のカップルは家計をともに支えているという意識で、後者のほうはおそらく「妻の稼ぎは夫の稼ぎの補助」だという意識で働いている。このような場合、家計をともに支えているという意識のカップルのほうが、そうではないカップルに比べて家事をより公平に分担していることは十分に考えられる。

「不公平感」に着目した研究からは、次のような含意を引き出すことができるだろう。不満を持つ際の基準が周囲に連動することが問題なのだから、学校教育や啓発活動を通じてより公平な家事負担の基準を浸透させることが、夫の家事負担の増加に向けた方策になる。

「生計維持分担意識」に着目した研究からは、女性が長期的にそれなりの水準の所得を得ることができる労働環境の構築こそが重要だ、ということに気づく。これは未婚化について検討した第2章でも触れたことだが、女性が五〇歳代、六〇歳代まで男性と同程度の稼ぎのある仕事を続けられるかどうか、という点が肝心なのである。現在の日本の女性にとって、そういった見込みを抱くことは難しい。そうである以上、一人では安定した所帯を持つことができない稼ぎしかない男性と、それと同じくらいの稼ぎの女性がいても、「二人で一緒に支え合っていこう」という発想が生まれにくい。また、たとえ今の時点で夫婦で同じ稼ぎがあっても、「仕事も家事も協力して」という考え方が続かないだろう。

かくして、結婚する前は「家事は平等に分け合おうね」と誓い合った夫婦は、結婚してしばらくすれば、性別分業が支配する「旧世界」に足を踏み入れていくのだ。

## 女性的家事と男性的家事

以上のように、労働環境の不均等や保守的な意識が日本の理不尽な家事分担状況を生み出しているのだが、私自身はもう少し「テクニカル」な側面に着目してもよいと考えている。具体的には次のようなことである。

賃労働において、「性別職域分離」という概念があることはすでに説明した。いわゆる「女性的仕事」と「男性的仕事」があって、女性的仕事では女性が多くを占め、男性的仕事では男性が多くを占める、ということである。女性的仕事には看護師や保育士が、男性的仕事には大工や消防士などがある（もっとも日本では、管理職は男性、非正規雇用は女性という性別「雇用形態」分離も明確なのであるが）。

家事分担研究が盛んな米国でも、家事にはいわゆる「女性的家事」と「男性的家事」があるといわれてきた。女性的家事とは、食事の準備や洗濯、掃除などである。それに対して男性的家事とは、家や車のメンテナンス（電球を替えたり、車を整備したり）や庭の手入れ（草刈り、芝刈りなど）である。文化や住環境によって何が典型的な女性的・男性的家事であるのかは異なるだろう。日本だと「ゴミ出し」は夫の仕事、というイメージが強い。

ほとんどの家事分担研究では、家事を時間や頻度（回数）に置き換えたうえで、いろんな家事のポイントを合算して分析に用いている。しかし家事の頻度は、その家事がどういったものであるかによって異なる。日本全国家族調査のデータを用いた筆者の分析（筒井 2011）によれば、週あたりの家事頻度の差を見ると、「食事の準備」「食事の後片付け」そして「洗濯」については約五回妻のほうが多く負担しているのに対して、「買い物」と「掃除」についてはその差は三〜四回である。

## 男女のスキル格差

要するに、夫にとって「やりやすい家事」と「やりにくい家事」があるのだ。女性はたとえ苦手な家事があっても覚えるべきだという社会的圧力があったために、「苦手だからしない」というのは通用しにくいという不公平性がそもそもあるのだが、それにはしばらく目をつぶることにして、家事の種類ごとの家事負担差がなぜ生じるのかについて考察してみよう。これを説明する理屈としては、スキル（習熟度）と時間の自由度がある。

まずはスキルである。しばしば忘れられることもあるようだが、仕事をするにもスキルが必要であるように、家事にもスキルが必要だ。そして家事の種類によって、より高度なスキルが必要なものと、そうでもないものがある。スキルが全く必要ないのが、日本の夫の「家事」の定番であるゴミ出しである。逆にある程度高度なスキルが要求されるのが食事の準備であろう。

食事の準備はなかなかの重労働なので、フルタイムで働く女性なら、「家に帰ったら夫が食事をつくって待っててくれないかな」と夢想した人もいるのではないだろうか。しかし、たとえ夫のほうが帰宅が早くても、多くの女性は夫がつくってくれる食事にあまり期待しないかもしれない。男は概して料理をするスキルに欠けており、技術が追いついていないからである。比較的高価な素材をあまり手をかけずに調理するくらいならば少しのトレーニングでできるかもしれないが（肉を焼く、パスタをつくるなど）、スーパーマーケットで安売りしていた材料でそれなりの料理をつくったり、冷蔵庫にある材料を見て賞味期限や次の買い物の予定なども考慮しながら合理的に献立を組みあげるなどになると、とたんにできなくなる男性が多くなるだろう。

スキル格差がやっかいなのは、たとえ夫の側が仕事を早めの時間に終われるようになったり、育児休業をとれたりしても、少なくとも短期間では「戦力」にならないことである。要するにトレーニングにコストがかかるのだ。そのコストはたいていの場合、妻が負担することになる。たしかに男性向けの料理教室などはあるが、先ほど触れたような残り物献立や、買い物の予定などは体で覚えるしかない。妻は、夫が家事を一人前にできるようになるまでそういったことを教えなくてはならず、その間は低品質か、あるいはやたら「高品質」だが家計的には非合理的なサービス（高い肉を買ってきて焼くなど）を辛抱強く受け入れるしかない。このようなやっかいな事態を避けようと、妻が「いっそのこと自分で」と考えて料理をてきぱきとやってしまうと元の木阿弥《もくあみ》で、結局夫は戦力外のままになってしまう。

スキルとともに家事労働の性別分離をもたらすと考えられる要因が、時間の自由度である。仕事でもある程度そうなのだが、家事労働にもほぼ毎日決まった時間に行うことが求められるものと、固めて週末にやってしまえるものがある。前者の代表が食事の準備、後者の代表が掃除や家のメンテナンスであろう。そしてフルタイムで働いて、ほぼ毎日残業があるような働き方をしている日本の男性にとって（何しろ「ノー残業デー」という奇妙なキャンペーンがあるくらいだ）、せめて「お手伝い」しやすいのは週末にまとめてできる家事である。これに対して食事の準備のようにルーチンワークとして遂行しなければならない家事労働については、時間の自由度が高い専業主婦やパートタイマーの担当になってしまう。フルタイムの共働きだと、妻の側が相当な無理をして担当することになるだろう。

もちろん、そういった分業があること自体が非難すべきことだ、というわけではない。しかし夫婦が働き方を変えたり、出産を機に家事労働の分担を見直す必要が出てきた場合、分業はすぐに問題に突きあたってしまう。夫が思うように家事をしない（できない）ことが露呈してしまうと、妻は働く時間を増やす気をなくしてしまうだろう。

## 希望水準の不一致

スキルに関連して、家事サービスに特有な問題がある。それが希望水準の不一致である。先ほど述べたが、家事に高い水準の品質を求めることは、加工食品の発明、水道・ガスなどのインフラの整備、各種家電の普及などの技術の進歩で家事サービスが省力化されたはずの現代社会においても、家事にそれなりに時間がかかることの理由になっている。つまり人々が食や住環境に求める品質が全体的に高まっていることが、家事労働が減らない要因の一つなのである。そして希望水準のもう一つの問題は、人によってそれが異なることである。

ここまでは「家事といってもいろいろある」という話をしてきたわけだが、さらに個々の家事についても、そのサービスの品質はそれを行う人にとって様々であろう。そして、提供される家事サービスの質のよしあしは、単純にスキルの高低に起因するだけではない。その人なりの「これくらいでいいだろう」という満足水準によっても変わってくる。

結婚後、夫に家事負担を引き受けてほしい女性は、結婚相手の一人暮らし経験を気にするかもしれない。つまり、一人暮らしの経験が長い男性はその分だけ自分で家事をしてきたわけだから、結婚しても家事を率先して引き受けるだろうし、それなりの品質の家事をしてくれるだろう、と考えるわけだ。しかし必ずしもそうとは限らない。というのは、実家にいて母親から質の高い家事サービスを受けているうちは「食事や掃除の質はこうあるべき」という水準が高くキープされているかもしれないが、一人暮らしを長く続けていくうちにその水準がどんどん下がってしまい、食事も栄養の偏った簡単なもので済ませたり、掃除もいい加減にしかしない、という状態で落ち着いてしまう可能性があるからだ。

何にせよ、やっかいなのは夫婦で家事サービスの質に対する希望水準が一致しないときである。長い一人暮らし経験のなかで希望水準が下がってしまった夫が提供する、質の低い家事サービスに妻が苛立つケースは容易に想像できる。逆に、実家暮らしで専業主婦の母親がしてくれた質の高い家事サービスをそのままフルタイムで働く妻に期待してしまう夫に対して、妻が苛立つケースもありそうである。もちろん妻の側が夫に期待する家事の品質があまりに高すぎる場合にも、こういった不一致が生じることはいうまでもない。

仕事（賃労働）においては、労働の質についての希望水準の不一致は自然と解消されることが多い。顧客が期待する水準のサービスをある会社が提供してくれないならば、顧客は取引相手を変えるだけである。不一致を残しておくと取引されなくなるため、会社の側に提供するサービスを改善するインセンティブが生じる。逆に顧客の希望水準が理不尽に高い場合、どの会社もその水準のサービスは提供できないため、顧客のほうが希望水準を下げるだろう。

しかし夫婦のあいだではそういった調整が働きにくい。夫婦どちらの側も、自分の基準のほうが妥当だと思いがちである。商取引と違い、公平な条件で他の人と比べたうえで適正な基準が共有されるようなプロセスは不在である。先ほど触れた家事分担についての不公平感の場合と似ているが、自分の基準の妥当性を確認するためには、自分と似たような希望水準を持つほかの人のことを思い浮かべるだけで十分である。自分の家事の品質に対して妻にケチをつけられたと感じる夫からすれば、「友人の○○君はもっと家事が下手だけど、奥さんは文句なんていってこないよ」といいたくなるわけだ。

このように、夫婦のみならず親密な関係性においては、希望水準のすり合わせにかなり大きな心理的負担がかかる（筒井 2008）。すり合わせがうまくできずに希望水準の不一致が残されてしまった場合、どうなるだろうか。もし希望水準とスキルが一致しているのなら、つまり希望水準が高いほうが高いスキルを持っているのなら、その人（たいていは妻であろう）がいやいやながらも家事を負担する可能性が高いだろう。これらが不一致の場合、たとえば高い希望水準を持っているくせに低いスキルを持つ夫と、低い希望水準と高いスキルを持っている妻が結婚してしまった場合、妻としては「そんなにいうのなら自分でやればいいでしょう」といいたくなるだろう。しかしできないのはわかっているので、やはりしぶしぶながら自分で家事をしてしまうかもしれない。いずれにしろたいへんな消耗である。かように、家事を「分担」することには、単純に家事を「する」こと以上の負担があるのだ。

## 公平な分担のために

以上から、家事を公平に分担するという課題を解決するためには何が必要なのかが見えてくる。女性が長期的に生計維持に貢献できる体制、時間をある程度自由に設定できる柔軟で残業のない働き方、学校教育等における家事トレーニング、それを通じた希望水準のある程度の共有などである。

特に筆者は、日本では男性も女性も家事に対する希望水準が諸外国に比べて高いと感じている。特に食事の準備はたいへんだ。アメリカでも、一部を除くヨーロッパの国でも、日本

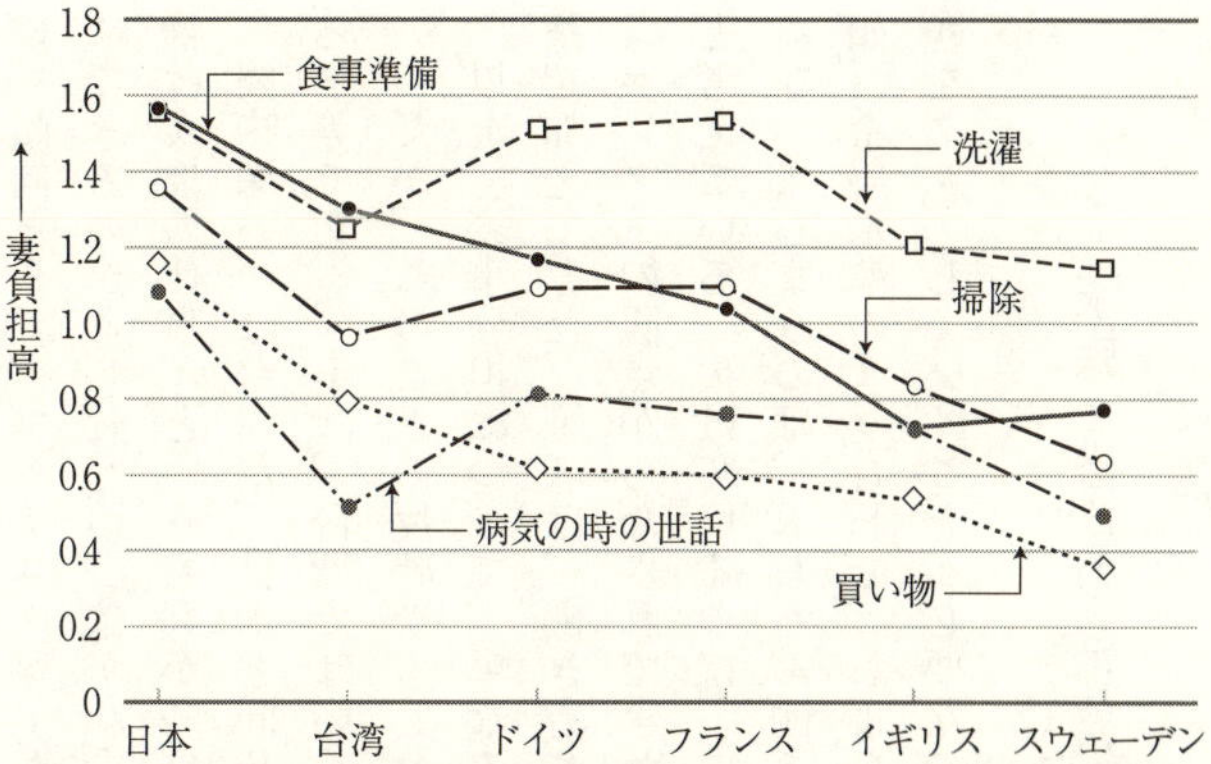


**図5-3　家事項目ごとの各国の夫婦負担差**（データ：ISSP2003〔Family and Changing Gender Roles〕より筆者作成）

注）計算の詳細は省くが、-2が「常に夫」、-1が「通常は夫」、0は「同等」、1が「通常は妻」、2が「常に妻」という割り当てになっている。したがって、家事の時間や頻度の差がそのまま数値になっているわけではないことに注意してほしい。

ほど手の込んだ食事を出さなくてもよいと考えられている。冷凍食品を温めて出すだけ、ということも決して珍しくない。おそらくそのせいか、欧米社会では食事の準備において日本ほど夫婦間の分担の差が見られない。

図5-3は、日本を含むいくつかの国で、家事分担の夫婦差をポイント化したうえで、項目ごとにその平均値を計算したものである。どの国でもどの家事項目でも、妻のほうが夫よりも多く家事を負担していることがわかる。

国による違いが目立つのは、食事準備の分担である。日本では、洗濯と並んで食事の準備は妻がもっぱら担当している。しかしイギリスやスウェーデンではそうではない。傾向として、プロテスタントが強い社会では食事が質素になり、その分食事準備が容易にできるのかもしれない（確かなことは不明である）。そのかわりに、ヨーロッパの国では洗濯は女性の仕事、という家庭が多いようだ。

興味深いのは台湾だ。日本と同じ儒教圏の国だといわれるが、家事分担は日本よりもずっと平等である。実は、台湾ではいくつかの理由から女性が男性と対等に働いている家庭が多いのだが、このことの反映かもしれない。

以上、家事分担について、単なる平等や公平という観点ではなく、より詳細な視点から考察を加えてきた。筆者は、働き方や家事労働についての社会学の研究がこれまで男女平等やジェンダーの観点からなされてきたために、テクニカルな分析が手薄であったのではないか、と考えている。欠けているのは、いってみれば「効率性」の視点である。家事分担が不公平になってしまうのは、もちろん働き方や保守的な分業意識の影響も強いのだが、スキルの欠如、希望水準のすり合わせ、およびそれにともなう負担といった、より「ビジネス」的な課題をクリアしていくことが必要なのだ。

## 3　家族と格差のこれから

### 子どもに引き継がれる格差

筆者は社会学者であるが、実は社会学者にとって、家族とはある意味やっかいな存在である。というのは、家族があるがゆえに貧富の格差が受け継がれるからである。

この本のなかでも、少子高齢化社会において社会全体が家族を支援することの重要さを説いてきた。よりよい家族生活の実現を目標に据えた社会学的な研究も少なくない。しかしそれでも、多くの社会学者は家族こそが格差の再生にとって決定的な役割を持っていることを知っている。

経済学者が全体の豊かさ、すなわち効率性を問題にすることが多いのに対して、社会学者は平等性や公平性の価値観を重視し、その観点から社会を記述・分析することが多い。公平性とはこの場合、機会平等、すなわち均等なスタートラインに立つことを意味している。世の中に結果としての格差があることは仕方がないかもしれないが、自分の意思ではどうしようもないことによって人生が大きく変動することは、公平性の価値観に反する。生まれの性別、人種・民族、地域、親の経済力などである。

親の経済力によって子どもの人生が大きく変わることは容易に想像できるだろう。このような不公平を是正するために、先進国では公的にカバーされる義務教育期間があるのだ。ヨーロッパでは家計の実質的な学費負担が大学までほぼゼロ、という国も珍しくない。しかしそれでも、経済力以外の要因によって、育った家庭環境が子どものライフコースに影響を及ぼすことはよくある。学校での授業に臨む基本的な態度（いわゆる行儀のよさ）、学ぶことの意欲や知的好奇心、そして日常的な学習の習慣などは、家庭によってまちまちであろう。

このような養育環境の格差を根本的になくすことは極めて難しい。この章の最初で見たように、近代化が進んでも子どもの基本的社会化を行うのはその子どもの親である、という考え方には大きな変化が見られなかった。また、各国の法制度も実親による子どもの扶養を義務づけている。そうであるかぎり、子どもを生みの親から引き離して公的な機関で平等に育て、人生の起点を公平にするという制度は受け入れられないだろう。

（注）ただし親族の扶養義務の範囲は各国で多様である。日本は直系親族やきょうだいにも扶養義務があるが、他の先進諸国では夫婦と未成年の子どもに限定されるところが多い。また、公的扶助（日本では生活保護）と扶養では、扶養が優先されるのも日本の特徴である。

近代化以前の身分制社会では、格差は制度化されたものだった。低い階層の家に生まれた子どもは、制度（決まり）として低い階層にとどまったのだ。身分制が廃止された後、格差はなくなったわけではなく、家族という制度の「意図せざる結果」として維持されるものになった。パーソンズがいうように、子どもの基本的な養育と成人のメンタル・サポートというのが、現代の家族に求められる機能である。家族が持つ、このようなプライベートな感情（夫婦・親子間の情緒的関係）のゆえに、子どもの扶養を家族から切り離すことは難しい。そのため、子どもにとっては出発点において最低限の格差が残ってしまうのだ。

### 結婚が広げる格差

プライベートな感情による結合という点では、恋愛や結婚も同様である。家の格式や身分が重視されていた時代とは違い、現代社会では婚姻は二者の同意による、（ほとんどの場合）愛情に基づいた関係構築である。そして現代社会では、配偶関係にある二者は経済的にも助け合うものと考えられており、ほとんどの先進国では夫婦間の扶養義務が法律で定められている。法律を意識していなくとも、結婚したカップルは多かれ少なかれ家計を同じくし、精神的のみならず経済的にも共同生活を送っている。夫がたくさん稼いでいる場合、妻の生活水準も高くなる。同じ世帯を形成しているのに、夫の生活水準と妻の生活水準が全く異なる、ということはない。

要するに親子の関係と同様、夫婦関係もメンタルな関係であり、かつ経済的な関係なのだ。これは法的な婚姻関係でなくとも、同棲関係でもある程度あてはまる。このことから、カップル結合はやはり「意図せざる結果」をもたらす可能性を含んでいる。それは、世帯間の経

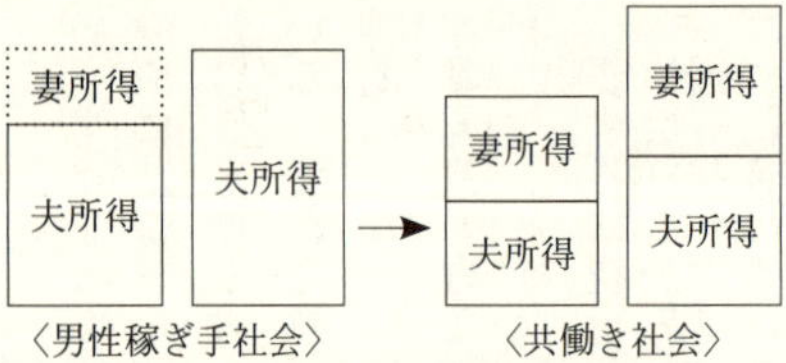


図 5-4　共働き社会と世帯所得格差

済格差である。

一九七〇年代の世界的な経済不況によって、欧米諸国では若年者失業の問題が先鋭化した。この苦境を乗り切る一つの方策が、ほかでもない共働き戦略であった。日本のように親との同居期間を延長することで生活水準を維持するという方策が現実的ではない欧米社会では、同じ若者どうしが共同生活をして生活費を節約することが多く、それは恋愛関係にある二者のあいだでも同じであろう。このとき、経済力が同じレベルにある二人がカップルになると、高い世帯収入を持つカップルと、低い世帯収入を持つカップルのあいだに格差が生まれることになる。

もちろん、低い収入しかない男性にしてみれば、そのままで生活するよりも同じく低い収入の女性とくっついたほうが生活水準が上がる可能性があるので、どんなかたちのカップリングにせよ、共同生活する者の増加は各人の生活水準の向上につながるはずだ。しかし共働き世帯の増加は、このこととは別のインパクトを持っている。

一九四七年から一九八五年までのアメリカの夫婦における「妻の労働力参加と世帯の収入格差の関係」について分析したマックスウェルによれば、一九七〇年代以前は、共働き夫婦は主に夫の所得が低い世帯においてよく見られた（Maxwell 1990）。夫の所得では十分な生活水準が実現できないため、妻が家計を補助することで世帯所得を引きあげる。他方で夫の稼ぎが十分にある家庭では、妻はあえて働かずに専業主婦になる（図5-4の左側）。しかし共働きが当たり前の社会になると、妻は夫の稼ぎの大小にかかわらず働き続けるようになる。すると、以前は世帯間の所得格差を縮める働きをしていた女性の収入は、今度は世帯格差を広げる作用を持つようになる（同図の右側）。一九七〇年代以降のアメリカでは、実際にこのような傾向が見られた。

### パワフル・カップルを生むもの

ともに高い所得を持つ男女からなる「パワフル・カップル」の増加の背景にあるのが、もはや単なる夫の家計補助の役割を超えて就労する女性の増加と、それを可能にした両立支援のための制度や企業の取り組みである。

両立支援制度が世帯の経済格差を拡大した確たる証拠が提出されているわけではないが、先進国では同類婚（地位が同じような男女がカップルを形成しやすい傾向）が支配的であるし、理論的にも十分にありうる話である。たとえば、完璧な両立支援が政府によって提供されている国があるとしよう。そこでは、共働きにともなう家庭の負担は一切存在しないし、女性も男性もともに長期的に雇用される可能性がある。このような社会では、男女は——その他の条件が全く同じならば——どちらも所得の高い相手と一緒になろうと考えるはずだ。カップリングが合理的に成立するならば、賃金率の高い男女から順に関係が成立し、高い所得と低い所得とのカップルは成立しない。

このようなカップリングを経済学ではアソータティブ・メイティングという。社会学にはこれに近い同類婚という概念がある。同じ経済階層、同じ学歴、同じ宗教、同じ人種・民族の者どうしが結婚することである。性別分業が支配的な男性稼ぎ手社会では、経済的同類婚といったところで、結婚において女性を有利にするのはたとえば出身の家の格であり、稼ぐ力ではなかった。女性の学歴や学校歴は出身家庭の質のシグナルとして見られたのであり（いわゆる「お嬢様学校」）、稼ぐ能力のシグナルではなかった。しかし現代では女性自身の稼ぐ力が重要になっている。より昔の自営業や農業中心の社会では、「嫁」となる女性の生産力もあてにされていたことを考えれば、共働き社会で女性の稼ぐ力が再び意味を持つことになった、といえるかもしれない。

ここで肝心なのは、このような経済力による同類結合が見られるようになっても、依然としてカップリング自体はほとんどの場合、恋愛感情に基づいたものであり続けている、ということだ。もしそうではないのなら、カップル形成による世帯格差は制度的に抑制可能かもしれない。パワフル・カップルが増えすぎないように、カップリングの相手の収入などに条件を設定するわけである。しかしカップリングがプライベートな恋愛感情に基づいたものであるかぎり、このような介入は難しい。

自発的な恋愛感情に則った結婚によって世帯間の経済格差が拡大することは、恋愛の意図せざる結果として許容するしかない。できるとすれば、カップリングへの介入ではなくカップル形成後の所得再分配になる。しかし所得は再分配できても、稼ぐ力の源泉たる学歴は再分配することができない。社会学者のブロスフェルドは、男性稼ぎ手の職業を軸に展開されてきた従来の社会階層研究からの脱却を訴えつつ、学歴同類婚の増加によって子ども世代の格差も拡大する可能性について論じている（Blossfeld & Buchholz 2009）。

### 同類婚が衰えない理由

「恋愛」は昔から人間に存在する自然な感情だ、と考える人は多いかもしれない。しかし少なくとも恋愛結婚が広く普及したのは、近代社会においてである。そしてその主要な動因となったのは、雇用労働化だ。雇用されるということは、家業（農業や自営業）から独立して経済力を得るということであり、それはすなわち親の影響力からの自立をも意味している。そうすると、結婚相手についても自分で選ぶ自由度が増すことになる。

日本で見合い婚と恋愛婚の割合が逆転したのは一九六〇年代においてであるが、この時期はまさに農業・自営セクターが衰退し、急速な経済発展のなかで雇用される人の割合が増加した時期であった。一九四〇年代後半に生まれた団塊の世代は、中学あるいは高校を卒業後、旺盛な労働需要にこたえるべく農村から都市部に移住し、そこで会社に雇用され、職場などで出会った異性と恋愛結婚するようになる。以降、日本の結婚といえばかつてのお見合いから、職場結婚全盛の時代になるのである。

結婚が当人の自律的な恋愛行動によって生じるようになると、少なくとも理論的には、カップリングは当人たちの社会階層とは無関連に成立するようになる。というのは、「好きになる」ことに理由などいらないからである。むしろ相手との格差を乗り越えるほうが恋愛の恋愛らしさを表現している。シェイクスピアの有名な戯曲『ロミオとジュリエット』では、二人が抗争関係にある家の出身であるにもかかわらず恋に落ちたことこそが、物語中の恋愛のあり方に感動を与えている。一九九七年に大ヒットした映画『タイタニック』では、貴族階級の女性ローズと労働者階級のジャックとの階級格差が、二人の関係の純粋さを際立たせている。

イギリスの社会学者アンソニー・ギデンズは、このような関係のことを「純粋な関係性」と呼んだ。純粋な関係性とは、関係そのものからもたらされる満足によってのみ維持されるような関係のことである（Giddens 1991=2005）。「関係そのものからもたらされる満足」というのは多少曖昧な定義だが、当人たちのお互いのやりとり（会話など）から得られるメンタルな満足のことであり、経済力などは関係外部の要因であると理解されている。ギデンズは、近代化が進行するにつれて親密な関係性は徐々に純粋な関係性の原理で構築・維持されるようになる、と主張した。

しかし、実際には先進諸国の結婚について見れば、少なくとも学歴同類婚の傾向が衰える様子は観察されていない（Blossfeld & Buchholz 2009）。これはなぜだろうか。

もちろん一部には、結婚において恋愛というのはなかば建前であり、経済力は依然として重視されるのだ、という見方もできるだろう。他方で、経済力といった外部要因抜きに成立する純粋な関係性の原理に従ったとしても、結果として同類婚が多くなるという見方をすることもできる（筒井 2014）。その論理は、フランスの社会学者ピエール・ブルデューがしばしば使用した「性向」という概念（Bourdieu 1979=1989）によって説明可能である。性向とは、その人が属している社会的カテゴリー（階層、性別等）ごとに共有されている感じ方や考え方、あるいは趣向のことである。仮に同じ社会階層・学歴の人が類似の性向を持っていて、かつ同じタイプの性向を持つ人と会話するほうが楽しいとすれば、まさに関係から得られる満足によってのみ成立する純粋な関係性は、階層や学歴とは独立に成立するどころか、階層や学歴ごとに形成されることになる。

同類婚が継続している理由が社会階層ごとに構造化された性向によってどこまで説明できるのかはいまだ検証されていないが、もしこの理由が強いのだとすれば、同類婚とそれがもたらす格差の問題は、かなりやっかいである。

先に述べたように、家族を構成する主な関係である親子関係と夫婦関係は、それが親密な関係でありかつ経済的共同関係でもあるところに、政策介入の難しさがある。「自然」な親子感情、「自発的」な恋愛感情が帰結する意図せざる結果としての格差については、少なくとも当面は事後的な富の再分配で対応するしかないだろう。

# 終　章　社会的分断を超えて

## 本書の分析

最後に、ごく短く本書の内容をまとめ、そのうえでいくつかのインプリケーション（示唆）を引き出してみよう。

本書の基本方針は、日本の「仕事と家族」の現在の居場所を、国際比較という横向きに広い視点、そして長期推移という縦向きに長い視点から眺めてみるというものである。工業化によって仕事のかたち、家族のかたちが大きく変化するなかで、戦後の一時期には「安定的に雇用された男性と家庭の責任を持つ女性」という性別分業体制が各国でスタンダードとなった。これは先進国が高い経済成長率を経験している時期でもあった。この体制を支えた経済環境は一九七〇年代に崩れ去り、それ以降、先進国はその道筋をはっきりと分岐させた。「高負担・高福祉」を堅持したスウェーデンと、「低負担・低福祉」路線に大きく舵を切ったアメリカという対比がしばしばなされるようになった。

しかしこういった「大きな政府と小さな政府」という対比図式は、現在の日本のすがたを描き出す尺度としては全く役に立たない、というのが本書の最も重要な主張である。その論拠として注目したのが、女性の有償労働への参加の度合い（いわゆる「女性の社会進出」）と、出生力であった。スウェーデンとアメリカは、この二つの点において他の国よりも比較的よいパフォーマンスを発揮してきたからである。典型的な「大きな政府」の国と典型的な「小さな政府」の国が、少なくとも現在の日本が抱える大きな課題の面で「お手本」になっているという事実、あるいは「パズル」を、私たちはどう理解すればよいのか。

性別分業の克服、つまり「共働き社会」への移行というのが、本書で導かれた答えである。女性の労働力参加は、ある時点までは出生力にマイナスの効果を持った。この負の影響は「両立支援」のための社会的な仕組みによって緩和されてきたが、ある時点からはむしろ女性が働くこと自体がカップル形成や出生にとってプラスの効果を発揮しはじめた。女性が結婚・出産後もまとまった所得を稼ぐという見込みが社会で共有されるようになると、たとえ男性の所得が低くてもカップル形成が可能になるからだ。

ポスト工業化のなかで先進国ではサービス業が支配的になり、女性の労働需要が高まるか、アメリカでは徹底した雇用差別の禁止や柔軟な労働市場、スウェーデンではケアワーク需要を満たすための膨大な公的雇用により、女性の労働参加ならびに所得レベルを高め、「共働き」社会化を実現してきた。本書ではアメリカとスウェーデンというふたつの（しばしば正反対であると位置づけられる）国をとりあげたために、「結局は小さな政府の国か大きな政府の国じゃないとだめなのではないか」と感じてしまう読者もいるかもしれないが、決してそういうわけではない。肝心なのは、どのような政策的措置が有効であるかを細かく見ていくことであり、「大きな政府にして女性の両立を手厚く保護すればよい」「規制緩和をして女性の労働市場への参入を促せばよい」といった単純な理解で動いてしまうと、副作用に苦しむことになるだろう。たとえば公的雇用が両立可能な女性労働を多かれ少なかれ促しているという事実は、北欧のみならず大陸ヨーロッパや（小さな政府を持つ）北米諸国でも広く認められる事実である。当然日本でも（どれだけ公務員を増やす余地があるかは別として）効果はあるはずだ。このように、個々の事実に丁寧に向き合うことから話をはじめる必要がある。

いずれにしろ日本では、一九七〇年代以降の経済不況を背景に高負担を嫌った政府が、福祉を「企業と家族」に委託する路線を選びとった。こうして、企業の安定雇用を通じて男性の所得を維持させ、女性は家庭を守るという性別分業体制が維持された。日本は「共働き」社会への移行のチャンスを逃すことになった。

そうこうするうちに、一九九〇年代後半からは企業にも男性の安定雇用を守る余裕がいよいよなくなってしまった。この時期から人々は徐々に「共働き」の必要性を実感しはじめるが、無限定的な働き方と引き換えに安定した雇用と所得を与える企業の方針、そこに女性を引きこもうとしてその実遠ざけてしまっている制度（均等法）、女性の就労を抑制する制度（税・社会保険の「壁」）のせいもあり、真の「共働き」社会への移行はいまだに道半ばである。

## 「働くこと」を基軸に

世界に類を見ない高齢化社会にすでに突入している日本にとって、高齢者を支える労働力の確保は喫緊の課題である。特にケアワークは労働集約型であり、大幅な効率化は見込めない。出生力を上げること、より多くの女性と高齢者が有償労働に参加すること、そして移民労働力を増やすことが労働力の拡大の主要手段となる。こう考えると、日本社会がとるべき方針も自ずと見えてくる。それは分厚い社会保障のもとでの福祉社会でもなければ、徹底した規制緩和のもとでの競争社会でもない。目標として据えるべきは、労働力と出生力の維持・拡大である。社会保障はこれらの結果可能になるものだし、規制緩和もそれが労働力と出生力を低下させるようであれば抑制されなければならない。

近年は「格差」の問題に人々の注目が集まっているが、社会全体の経済力の余裕がないと、格差を縮めるための富の再分配もままならないということを肝に銘じるべきだ。さらに、「支え合い」というと人はすぐに（ボランティアなどの）無償労働に目を奪われがちだが、まずは有償労働の世界で多様な人々が活発に働く環境があることこそが、社会に余裕をもたらし、弱者を救うことにもつながるというのが筆者の考えだ。多くの人々が有償労働に従事すれば、市場での取引が活発になり、政府の税収も増える。そうすれば、より充実した社会保障制度を導入できる。女性、高齢者、移民が有償労働に参加すれば、ケアワークの活性化を通じて出生力の向上を促す効果も得られるだろう。

女性や移民については、第二次安倍内閣における女性と移民の労働力の活用方針に対して違和感を覚える人も多いかもしれない。たしかに個々の政策方針には問題が山積みだ。それに、「今までは排除してきたのに、労働力が足りなくなりそうだということがわかると、たんに方針転換して従来は活用できなかった人々を使うというのは身勝手だ」「平等こそが先に追求されるべき理念であり、働くことはその結果だ」という考え方ももっともである。

しかし、私は少し違った思いを抱いている。現代社会で尊重すべき権利について、経済的権利（生活を支える手段として有償労働をする機会が適正に与えられていること）、政治的権利

（政治への参画が認められていること）、社会的権利（働くことができなくともある程度充実した生活ができること）という区分をするとすれば、日本では女性も移民もいまだに経済的権利を獲得できていない段階だ。この問題を解決することなく、政治的権利や社会的権利の不足を優先的に解決しようとすると、社会に歪みが生じ、社会的分断が深くなってしまう。

本書では論じる余裕がなかったが、筆者は格差以上に深刻なのが社会的分断であると感じる。社会的分断とは、人々のあいだの価値観や態度の対立のことだ。たとえば社会のあるグループ（経済的に恵まれない層）は富の再分配を支持し、別のグループ（富裕層）はそれを否定する、といった意見の違いを指す。ある制度が特定のグループを有利にし、別のグループを不利にすることはしばしば起こりうる。再分配が弱い社会や教育費が高い社会では、経済的に豊かなグループが優位に立つ。急速に高齢化が進む社会では、年金制度の負担は若年層に重くのしかかる。長時間労働が常態化した社会では、少なくとも仕事の世界は男性優位になりがちだ。制度設計がうまくいかないと、こういった対立、つまり社会的分断が先鋭化するおそれがある。

「働くこと」は、それが社会の富を生む最大の源であるがゆえに、対立の大きな争点となる。たしかに経済先進国は、基本的な合意として、（高齢や障害のために）有償労働をすることが難しい人々については政府がその生活を保障するという制度をつくりあげてきた。しかし働くことができるのに様々な理由からその力を十分に活かすことができていない人々が増えてくると、合意が揺らぐことになる。一方では適切な労働機会を与えられない人々が労働市場や雇用環境の制度に対して異議を提示するようになるし、他方では税や社会保険の負担をする人々が再分配制度に対して異議を唱えるようになる。こういった対立は、事後的な再分配の強化でも無条件の自由競争の導入でもなく、税や社会保険の負担を一定程度担うことができる所得をともなった仕事が、社会の様々なグループに配分されることではじめて緩和される。「働くこと」を基軸とした連帯をつくりあげた国は、分断を乗り越え、安定する。

本書のキーワードである「共働き社会」は、男性と同じく女性に働く機会を保障する社会だ。また、有償労働の担い手を増やすことで、税と社会保険を通じた「助け合い」のための社会的余裕をつくり出す。その意味で、「共働き社会」は日本社会のこれからの社会的連帯の第一歩であると筆者は考える。

## お金を稼ぐことは利他的である

本書の性格上、個々人の生活・人生に対して直接に役に立つようなアドバイスを引き出すのはなかなか難しい。むしろ本書は、特定の社会の見方を提示することを通じて、社会のより適切な認識を読者に促すという意図を持って書かれたものだ。もちろんここでの「社会の見方」は、厳密な検証を経たものばかりではない。ただ、読者が「なるほど、そういう見方もあったのか」と膝を打つような箇所が二つ三つでも含まれていれば、目的は達成されたようなものである。

とはいいつつも、あえて読者に「アドバイス」のようなことをいわせてもらえるとすれば、以下のようになるだろうか。

筆者は、「働くこと」と「家族」についての人々の認識に違和感を覚えることがよくある。それは、人々がしばしば、「働いてお金を稼ぐこと」を利己的な行為として認識しているのに対して、「家族のために奉仕すること」をどちらかといえば利他的な行為として理解することがある、ということだ。私の感覚では、これはむしろ逆だ。お金を稼ぐことは、二重の意味で利他的である。一つには、経済取引は原則、双方がその取引をすることによって厚生を増す場合にのみ成立し、そうではない取引は法的に規制される、ということ。もう一つは、有償労働は税と社会保険料の負担を通じて世帯を超えた支え合いを実現する、ということ。もちろん親密な関係においても、その付き合いはたいてい双方の合意に基づいたものだろう。しかし労働が（貨幣の取引を媒介せずに）家族内で完結してしまうと、その労働は世帯間の連帯には寄与しない。

その意味で、お金を稼ぐことが社会にとって持つ意味をもっと積極的に考え、それを子どもたちに伝えることは極めて重要だと思う。それに、「経済的に連帯すること」は、経済的弱者の生活を保障する社会的権利を実質的に可能にするのみならず、すでに述べたように政治的対立を緩和する力を持っている。もちろん経済活動は市場取引に任せておくと（格差を含む）様々な問題を引き起こすことはよく知られているので、その弊害を政治的に緩和することも重要であろう。しかしだからといって、働いてお金を稼ぐことの持つ社会的連帯促進機能を低く見ることは絶対に避けるべきだ。

＊

「仕事と家族」についていくつかの論考を重ねるなかで、それらを一つのまとまった成果として出版したいと考えていたとき、中公新書編集部の田中正敏さんから折よく出版の話をいただいた。原稿の執筆自体はスムーズに進んだものの、最初にできあがった原稿の完成度はお世辞にも高いものではなかった。それに対して、田中さんからは的確かつ丁寧なコメントをいただいた。これがなければ、本書はもっと散漫な内容になっていたはずだ。ここに深い感謝の意を表したい。

本書の執筆を始めたのは、二〇一三年の年末であった。しかし二〇一三年度中は大学で重い役職に就いていて、自分の研究に時間を費やすことができなかった。二〇一四年度からはようやく役職も解かれ、比較的自由な時間を確保することができた。しかしそれでも、大学教員、特に私立大学の教員がふだんの仕事をしながら本を書くというのはかなり負担の大きな作業だ。昨今の大学では、研究業績の蓄積のみならず、学生の立場に立った丁寧な授業、各種委員会などの大学運営への積極的参加が求められる。授業期間が終わったら、今度は入試や学会の仕事で日々の予定が埋まっていく。本書でも触れた日本のサラリーマンにおける「職務内容の無限定性」は、大学教員にもあてはまる。「本業」以外にも、ほんとうにいろんなことを同時にこなすことが求められるのだ。

このような煩雑《はんざつ》な日々の作業の合間を縫って執筆した本書であるが、比較的長い間の研究の成果でもあり、「仕事と家族」のこれからについて考える際の一つの枠組みを示すことはできたのではないかと自負している。他方で、理論枠組みとデータ分析の両面において、まだまだ詰め切れていない部分が残されている。特に高齢者と移民という二つの要素を十分に位置づけすることができなかったのは、筆者の力不足のためである。要するに本書で提起された知見の多くは、厳密には仮説にとどまる。これらを今後の課題として引き受けつつ、今はとりあえず筆を擱《お》くことにしよう。

二〇一五年三月

筒井淳也

OECD, 2012, *Closing the Gender Gap*, OECD Publishing.
小笠原祐子，2005,「有償労働の意味：共働き夫婦の生計維持分担意識の分析」『社会学評論』56(1)：165-81.
大橋照枝，2000,「未婚化・晩婚化・シングル化の背景」善積京子編『結婚とパートナー関係：問い直される夫婦』ミネルヴァ書房，27-55.
Sassen, S., 2001, *The Global City: New York, London, Tokyo*, Princeton: Princeton University Press.（=2008，伊豫谷登士翁監訳，大井由紀・高橋華生子訳『グローバル・シティ：ニューヨーク・ロンドン・東京から世界を読む』筑摩書房.）
Seguino, S., 2000, "Accounting for Gender in Asian Economic Growth," *Feminist Economics*, 6(3)：27-58.
柴田悠，2014,「自殺率に対する積極的労働市場政策の効果」『社会学評論』65(1)：116-33.
下平好博，2013,「福祉国家の産業化理論・収斂理論：生成・発展・縮減の理論分析」鎮目真人・近藤正基編著『比較福祉国家：理論・計量・各国事例』ミネルヴァ書房，22-37.
竹信三恵子，2013,『家事労働ハラスメント：生きづらさの根にあるもの』岩波新書.
筒井淳也，2006,『制度と再帰性の社会学』ハーベスト社.
———，2008,『親密性の社会学：縮小する家族のゆくえ』世界思想社.
———，2011,「日本の家事分担における性別分離の分析」『第3回家族についての全国調査（NFRJ08）第2次報告書1：家族と仕事』日本家族社会学会全国家族調査委員会，55-74.
———，2014,「親密性と夫婦関係のゆくえ」『社会学評論』64(4)：572-88.
Wilensky, H. L., 1975, *The Welfare State and Equality: Structural and Ideological Roots of Public Expenditures*, Berkeley: University of California Press.（=1984，下平好博訳『福祉国家と平等：公共支出の構造的・イデオロギー的起源』木鐸社.）
山田昌弘，2007,『少子社会日本：もうひとつの格差のゆくえ』岩波書店.
山口一男，2009,『ワークライフバランス：実証と政策提言』日本経済新聞出版社.

*Late Modern Age,* Cambridge: Polity Press.（=2005, 秋吉美都・安藤太郎・筒井淳也訳『モダニティと自己アイデンティティ：後期近代における自己と社会』ハーベスト社.）
Gornick, J. C. & J. A. Jacobs, 1998, "Gender, the Welfare State, and Public Employment: A Comparative Study of Seven Industrialized Countries," *American Sociological Review,* 63(5): 688-710.
萩原久美子, 2006,『迷走する両立支援：いま、子どもをもって働くということ』太郎次郎社エディタス.
濱口桂一郎, 2009,『新しい労働社会：雇用システムの再構築へ』岩波新書.
———, 2014,『日本の雇用と中高年』ちくま新書.
廣嶋清志, 2000,「近年の合計出生率低下の要因分解：夫婦出生率は寄与していないか？」『人口学研究』26: 1-20.
本田一成, 2010,『主婦パート 最大の非正規雇用』集英社新書.
岩澤美帆, 2002,「近年の期間TFR変動における結婚行動および夫婦の出生行動の変化の寄与について」『人口問題研究』58(3): 15-44.
———, 2008,「初婚・離婚の動向と出生率への影響」『人口問題研究』64(4): 19-34.
加藤彰彦, 2011,「未婚化を推し進めてきた2つの力」『人口問題研究』67(2): 3-39.
川口章, 2008,『ジェンダー経済格差：なぜ格差が生まれるのか、克服の手がかりはどこにあるのか』勁草書房.
熊沢誠, 1997,『能力主義と企業社会』岩波新書.
前田正子, 2004,『子育てしやすい社会：保育・家庭・職場をめぐる育児支援策』ミネルヴァ書房.
Mandel, H. & M. Semyonov, 2006, "A Welfare State Paradox: State Interventions and Women's Employment Opportunities in 22 Countries," *American Journal of Sociology,* 111(6): 1910-49.
松田茂樹, 2013,『少子化論：なぜまだ結婚、出産しやすい国にならないのか』勁草書房.
Maxwell, N. L., 1990, "Changing Female Labor Force Participation: Influences on Income Inequality and Distribution," *Social Forces,* 68(4): 1251.
野村正實, 1998,『雇用不安』岩波書店.
落合恵美子, 2014,「近代世界の転換と家族変動の論理」『社会学評論』64(4): 533-52.

# 参考文献

Adserà, A., 2004, "Changing Fertility Rates in Developed Countries: The Impact of Labor Market Institutions," *Journal of Population Economics,* 17(1): 17–43.
阿藤誠，1997，「日本の超少産化現象と価値観変動仮説」『人口問題研究』53(1)：3–20.
Blossfeld, H.-P. & S. Buchholz, 2009, "Increasing Resource Inequality among Families in Modern Societies: The Mechanisms of Growing Educational Homogamy, Changes in the Division of Work in the Family and the Decline of the Male Breadwinner Model," *Journal of Comparative Family Studies,* 40(4): 603–16.
Bourdieu, P., 1979, *La distinction: critique sociale du jugement,* Paris: E'ditions de Minuit.（=1989，石井洋二郎訳『ディスタンクシオン：社会的判断力批判』藤原書店.）
Cheng, L. & P.-C. Hsiung, 1998, "Engendering the 'Economic Miracle': The Labour Market in the Asia-Pacific," G. Thompson ed., *Economic Dynamism in the Asia-Pacific,* London: Routledge, 112–36.
Esping-Andersen, G., 1990, *The Three Worlds of Welfare Capitalism,* Cambridge: Polity Press.（=2001，岡沢憲芙・宮本太郎訳『福祉資本主義の三つの世界：比較福祉国家の理論と動態』ミネルヴァ書房.）
———，1999, *Social Foundations of Postindustrial Economies,* Oxford: Oxford University Press.（=2000，渡辺雅男・渡辺景子訳『ポスト工業経済の社会的基礎：市場・福祉国家・家族の政治経済学』桜井書店.）
Fukuda, S., 2009, "Shifting Economic Foundation of Marriage in Japan: The Erosion of Traditional Marriage," *MPIDR Working Paper,* 33(1–27).
不破麻紀子・筒井淳也，2010，「家事分担に対する不公平感の国際比較分析」『家族社会学研究』22(1)：52–63.
Gaddis, I. & S. Klasen, 2014, "Economic Development, Structural Change, and Women's Labor Force Participation: A Reexamination of the Feminization U Hypothesis," *Journal of Population Economics,* 27(3): 639–81.
Giddens, A., 1991, *Modernity and Self-Identity: Self and Society in the*

筒井淳也（つつい・じゅんや）

1970年，福岡県生まれ．一橋大学社会学部卒業，同大大学院社会学研究科博士課程単位取得退学．博士（社会学）．現在，立命館大学産業社会学部教授．専門は家族社会学・計量社会学．本書で第6回不動産協会賞受賞．
著書『制度と再帰性の社会学』（ハーベスト社，2006）
『親密性の社会学』（世界思想社，2008）
『結婚と家族のこれから』（光文社新書，2016）
ほか

仕事《しごと》と家族《かぞく》
中公新書 *2322*

2015年5月25日初版
2017年6月25日4版

著 者 筒井淳也
発行者 大橋善光

本文印刷 暁 印 刷
カバー印刷 大熊整美堂
製 本 小泉製本

発行所 中央公論新社
〒100-8152
東京都千代田区大手町1-7-1
電話 販売 03-5299-1730
編集 03-5299-1830
URL http://www.chuko.co.jp/


Published by CHUOKORON-SHINSHA, INC.
Printed in Japan ISBN978-4-12-102322-3 C1236

中公新書

## 社会・生活